무서운 극장

무서운 극장

산만한 관객 K의 사유하며 영화 보기

초판 1쇄 발행 2021년 11월 11일

지은이 김형중
펴낸이 이광호
주간 이근혜
편집 최대연 김현주
펴낸곳 ㈜문학과지성사
등록번호 제1993-000098호
주소 04034 서울 마포구 잔다리로7길 18(서교동 377-20)
전화 02)338-7224
팩스 02)323-4180(편집) 02)338-7221(영업)
전자우편 moonji@moonji.com
홈페이지 www.moonji.com

ISBN 978-89-320-3915-2 03680

무서운 극장

산만한 관객 K의 사유하며 영화 보기

김형중 지음

문학과지성사

차례

사유 없이 죽을 자

<한나 아렌트>, 마가레테 폰 트로타, 2012

이거, 왜 이래?

2019년 3월 11일, 조비오 신부에 대한 사자 명예훼손 혐의로 기소된 전두환이 광주지방법원에 출두했다. 그보다 2년 전 『당신은 외롭지 않다』라는 제목의(얼마나 진부한 제목인가!) 자서전을 펴낸 바 있는 아내 이순자 씨와 함께였다. "발포 명령 인정하십니까?" "광주 시민에게 사과하실 생각 없으십니까?"라는 취재진의 질문에, 신경질적인 표정으로 그가 뱉은 유일한 답은 "이거, 왜 이래?"였다. 이 책의 첫 글을 마가레테 폰 트로타 감독의 <한나 아렌트>에 대한 이야기로 시작해야겠다 싶어진 것은 그 장면을 보고 나서였다.

예루살렘의 아이히만

나치 전범 아돌프 아이히만이 부에노스아이레스에서 체포된 것은 1960년 5월 11일, 예루살렘의 유대인 법정('정의의 집')에서 그에 대한 재판이 열린 것은 1961년 4월부터

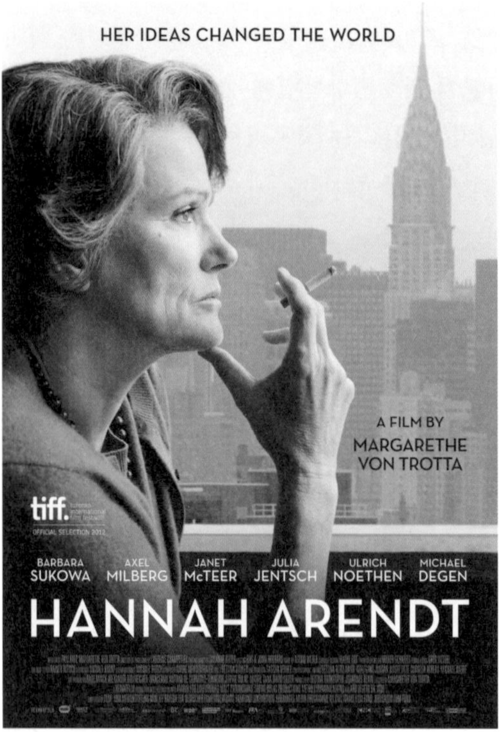

이미지: HEIMATFILM GMBH+CO KG 제공

였다. 당시 미국에 망명해 정착해 있던 유대계 정치철학자 한나 아렌트는 『뉴요커』지에 이 재판 취재를 위한 특파원 역을 자청한다. 물론 『전체주의의 기원』으로 지식인들 사이에서는 이미 세계적인 명성을 얻은 그녀였으니, 『뉴요커』 측에서도 마다할 이유는 없었으리라. 취재는 이루어졌고, 알다시피 그 결과물로 남은 것이 『예루살렘의 아이히만』이다. 이제 너무 자주 거론되어서 그 말 자체가 평범해져버린 '악의 평범성'에 대한 바로 그 책 말이다.

많은 독자들이 기억하고 있겠지만, 재판 과정(영화에서 이 장면은, 마치 달리 재현할 길이 없다는 듯 실제 기록 영상으로 처리된다)을 면밀히 관찰한 아렌트는 아이히만이라는 전대미문의 악인에 대해 이런 결론을 내린다. "아이히만은 이아고도 맥베스도 아니었고, 또한 리처드 3세처럼 '악인임을 입증하기로' 결심하는 것은 그의 마음과는 전혀 동떨어져 있는 일이었다. 자신의 개인적인 발전을 도모하는 데 각별히 근면한 것을 제외하고는 그는 어떠한 동기도 가지고 있지 않았다. 그리고 이러한 근면성 자체는 결코 범죄적인 것이 아니다. [……] 흔히 하는 말로 하면 그는 자기가 무엇을 하고 있는지 결코 깨닫지 못한 것이다"(한나 아렌트, 『예루살렘의 아이히만』, 김선욱 옮김, 한길사, 2006, p. 391).

희대의 전범 아이히만을 두고 그가 최소한 '의도적인' 악인은 아니었고, 만약 그에게 잘못이 있다면 맡은 바 업무(그는 학살과 업무를 구별할 줄 몰랐다)의 성격을 따지지 않은

'근면함'이었을 뿐이라고 주장하고 있는 저 문장들…… 당연히 논란과 파장은 커진다. 모든 말들은 항상 정황과 맥락 속에서 발화되기 마련인바, 영화 <한나 아렌트>가 우리를 데려다 놓는 곳이 바로 그 논란과 파장의 맥락 속이다.

가장 어두운 이야기

영화는 곳곳에서 이 재판에 감추어진 시온(국가)주의자들의 의도 혹은 기대와 아렌트의 비범한 분별력이 충돌하는 장면을 반복적으로 보여준다. 가령 동료 한스 요나스(실제로 아렌트의 오랜 지적 동지이기도 했다)가 이 재판을 두고 유대인의 역사에서 가장 '위대한 재판'임을 강조할 때, 아렌트는 남편 하인리히(작가 하인리히 블뤼허는 그녀의 실제 남편이었다)를 편들며 아이히만이 유대인 재판소가 아닌 '국제 재판소'에 회부되었어야 함을 강조한다. 말하자면 요나스와 아렌트 사이에는 아이히만의 범죄를 '인류에 대한 범죄'로 볼 것인지 '유대인에 대한 범죄'로 볼 것인지를 두고 입장 차가 존재했던 셈이다.

이런 입장의 차이는 첫 재판 때 하우스너 검사의 모두 발언에 대한 그녀의 경계에서도 다시 확인된다. 하우스너 검사는 "존경하는 법관 여러분, 제가 아돌프 아이히만을 기소하기 위해 이 자리에 섰을 때 저는 혼자가 아닙니다. 다른 고소인 600만이 저와 함께 서 있습니다……"로 시작하는 선동적이고 장엄한 어조의 발언을 길게 이어간 바 있다. 그

이미지: HEIMATFILM GMBH+CO KG 제공

의 발언은 분명 어딘가 연극적인 데가 있었는데, 아니나 다를까 아렌트는 자신의 아버지나 다름없는 동료 쿠르트에게 "하우스너는 마치 연극의 주역이라도 따내려는 것 같았어요. 벤구리온(당시 이스라엘 수상), 그 사람이 배후에 있죠? 구경거리가 되지 않도록 무척 조심해야 해요"라고 말한다. 이 말은 이 재판이 오로지 정의의 이름으로 전범자 아이히만 개인에게 행해지는 것일 뿐, 시온주의자들에 의해 1948년에 세워진(그리고 이후 줄곧 팔레스타인인들을 학살하고 억압하게 될) 국가 이스라엘을 위한 건국 기념 연극이 되어서는 안 된다는 말로 들린다.

물론 결정적으로 문제가 된 것은 유대인 지도자들이 학살에 협조했다는 '사실'에 대한 아렌트의 발설이다. 『뉴요커』의 편집자 숀 빌이 읽는 아렌트의 기사 한 문장은 이렇다. "자기 민족을 파괴하는 데 유대인 지도자들이 한 이러한 역할은 유대인에게는 의심할 여지 없이 이 모든 이야기 가운데 가장 어두운 장을 이룬다"(이 구절은 『예루살렘의 아이히만』, pp. 187~88에 그대로 등장한다). 유대인 학살의 책임을 묻는 전범 재판에 대한 기록에서 유대인 지도층이 학살에 동조했다는 말을 서슴지 않는 아렌트, 당연히 그녀의 기사와 책은 당시의 맥락 속에서 이미 충분한 논란과 파장의 위험성을 내포하고 있었던 것이다.

유대계 지식인들, 그리고 악인이란 평범한 우리들과는 완전히 다른 속성을 가진 별종이어야만 한다는 전제하에 스스로를 악인의 범주에서 제외시키곤 하는 많은 언론인들과 학자들이 그녀를 비난한다. 동료 교수들도, 요나스도, 쿠르트도 모두 그녀를 민족의 배신자, 친나치주의자, 피도 눈물도 없는 학자라 부른다. 그녀가 감당해야 했던 비난의 크기를 헤아려볼 수 있는 장면이 있는데, 비서 로테가 읽어주는 독자의 편지 한 장에는 이런 저주가 적혀 있다. "잡지 속 네 얼굴 사진은 북극의 얼음처럼 차갑다. 입술에 경멸이 맴돌고 눈에 잔학함이 드러난다. 네 사진이 들어가서 잡지 전체가 더러워진 느낌이다. 장갑을 낀다. 그 위에 맨손을 얹는 것조차 메스껍다. 잡지에서 사진을 찢고선 불에 태우는 영예를 허락하기도 아까워 휴지통에 던진다. 난 원한을 품지도 않고 복수한 뒤 기뻐하지도 않는다. 오직 그것만 안다. 네가 모욕한 600만의 영혼이 늘 네 옆에서 서성이며 너를 쉬지 못하게 하리라."

강의실에서

어떤 수사적 장치나 기교도 사용하지 않은 탓에 '산만한 관객'(발터 벤야민)에 대한 배려라고는 없어 보이는 이 딱딱한 리얼리즘 영화가 주는 감동은, 저 모든 비난과 저주에도 불구하고(그리고 나치에 부역한 스승 하이데거의 가르침에 반해) '사유'와 '판단'과 '행위'를 일치시키려는 아렌트의 기품(바르바라 수코바의 연기는 압권이다)에서 우러나온다. 영화 말미, 유일하게 그녀의 말을 들어주는 학생들 앞에서의 10분 가까운 강의 장면은 그 기품의 절정이다. 그러나

이미지: HEIMATFILM GMBH+CO KG 제공

여기에 그녀가 강의에서 뿜어낸 말들을 다 옮겨 적지는 않을 셈이다. 그녀의 책을 직접 읽거나 이 영화를 곱씹어보는 것은 독자들의 몫으로 남겨두는 것이 아무래도 현명하지 싶어서다. 다만 궁금해지는 것은 영화에서 저 '젊은' 학생들만이 유독 아렌트의 '악의 평범성' 테제에 공감하고 온갖 논란 속에서도 그녀에 대한 지지를 거두지 않는 이유다.

실제로 당시의 젊은 세대들이 아우슈비츠 세대보다 그녀의 사상에 더 매료되었는지는 확인할 수 없다. 그러나 그 테제가 과거보다는 미래 세대를 향한 경고에 가깝다는 말은 할 수 있을 듯하다. 아렌트가 가장 두려워하고 개탄했던 것이 폴리스Polis, 즉 사유와 행위의 장소가 오이코스Oikos, 즉 생존과 본능의 장소에 의해 잠식당하는 사태였다. 그녀의 주저 『인간의 조건』이 그러한 사태의 분석과 경고에 바쳐졌다. 사적 영역이 공적 영역을 포섭해버려 누구나 획일화되고 균질화된 노동과 생식의 삶만을 살 수밖에 없게 되는 사태…… 자본주의의 진전에 따라 모두가 동물 아니면 속물이 되는(아즈마 히로키) 그런 사태…… 바로 저 강의실의 학생들이 그런 평범하고 진부한 삶을 살아가게 될 참이다. 말하기의 무능과 생각의 무능, 그리고 판단의 무능 속에서, 거대한 기계의 잘 물린 톱니바퀴처럼 평범한, 아주 평범한 삶을 살아가게 될 위기에 처한 이들은 아무래도 전 세대보다는 바로 그 강의실의 학생들이다.

재판 이후 60년 가까이 지난 오늘, 인류의 역사는 대체로 평범해지는 경로를 따라 이동해왔으므로, '악은 평범하다'라는 말은 어딘가 모르게 우리를 불편하게 한다. 악이 우리와는 완전히 다른 괴물성으로 정의될 때, 우리는 악을 미워하고 예외로서 배제할 수 있다. 그러나 '사유 없음,' 곧 진부함이 악으로 정의될 때, 우리는 우리 자신이 바로 악의 기원이 될 수 있음을 인정해야 한다. 먹고 자고 배설하는 일이 초미의 관심사라는 점에서 우리는 모두들 평범하기 그지없고, 이모티콘으로 말을 대신하고 검색으로 사유를 대신한다는 점에서 진부하기 그지없다.

사유 없이 죽을 자

그런 의미에서라면 우리 모두는 다소간 아이히만인데, 그 '사유 없는 자'가 형장에서 마지막으로 뱉은 말은 이랬다고 한다. "잠시 후면, 여러분, 우리는 모두 다시 만날 것입니다. 이것이 모든 사람의 운명입니다. 독일 만세, 아르헨티나 만세, 오스트리아 만세, 나는 이들을 잊지 않을 것입니다." 이렇듯 죽음을 목전에 두고도 아이히만이 떠올릴 수 있었던 말들은 그저 다소 과장되고 의례적인 장례 연설에서나 사용되곤 하는 상투어들뿐이었다. 사유할 수 있는 능력이 없었던 그는 자신의 고유한 죽음마저 진부한 관용어들에 헌납했던 셈인데, 그의 죽음에 대해 아렌트는 이렇게 논평한다. "그의 '정신은 의기양양하게 되었고' 그는 이것이 자신의 장례식이라는 것을 잊고 있었다. 이는 마치 이 마지막 순간에 그가 인간의 연약함 속에서 이루어진 오랜 과정이 우리에게 가르쳐준 교훈을 요약하고 있는 듯했다. 두려운 교훈, 즉 말과 사고를 허용하지 않는 악의 평범성banality of evil을"(『예루살렘의 아이히만』, p. 349).

죽는 순간마저도 자신의 고유한 죽음을 맞이할 수 없는 진부함, 오로지 단 한 번, 삶 전체를 의미화할 수 있는 시간을 흔한 관용어로 낭비하고야 마는 사유 없는 자의 진부함, 그것이 악이다. 그렇다면 지난 3월 11일에 내 귀에 들렸던 "이거, 왜 이래?"라는 말의 발화자가 맞게 될 마지막 순간도 예서 그리 멀지 않을 거라 생각한다.

그러나 그날, 그 발화자의 행태에 "마지막으로 사죄할 기회를 주었는데……"라고 반응한 시민들의 말 속에도 평범함은 숨어 있다. 그 말은 신화시대부터 이어져 내려온 사죄와 용서의 진부한 서사를 되풀이한다. 그래서 실은 그날, 나는 한편으로 내가 그에게서 듣게 될 말이 '광주 시민들에게 사죄드립니다'(이 또한 진부한 관용어이긴 마찬가지다)가 될까 봐 두렵기도 했다. 어떤 죄는, 설사 범한 자가 범죄의 사실을 몰랐거나 그 사실로 인해 사죄하고 처벌당했다 하더라도, 용서받을 수 없는 경우가 있는 법이다.

영화 <더 리더: 책 읽어주는 남자>의 또 다른 '한나'가, 책더미 위에서 스스로 목숨을 끊음으로써 우리에게 전한 교훈이 바로 그것이었다.

한나, 책 더미 위에서 죽다

<더 리더: 책 읽어주는 남자>, 스티븐 달드리, 2008

한나와 아이히만

아이히만의 재판 당시 피고 측의 무죄 주장 근거는 "피고가 당시 존재하던 나치 법률 체계하에서는 아무런 잘못도 하지 않았고, 그가 기소당한 내용은 범죄가 아니라 '국가적 공식 행위'이므로 여기에 대해서는 어떤 다른 나라도 재판권을 행사할 수 없"(『예루살렘의 아이히만』, p. 74)다는 점이었다. 말하자면 아이히만은 당시 제3제국의 법체계 안에서는 합법적인 '업무'를 수행했다는 것이 변론의 요지다. 그렇다면 <더 리더: 책 읽어주는 남자>의 주인공 한나 슈미츠 역시 아이히만과 동궤의 인물일까? 왜냐하면 그녀도 유대인 여성들을 아우슈비츠로 보내고, 수백 명의 죽음(화재 사고)을 방조한 죄를 묻는 판사에게 자신도 수감자들이 죽을 걸 알고 있었다고, 하지만 새 수감자들을 위해 공간을 마련해줄 수밖에 없었다고, 자신이 감시원에 지원한 것이 잘못이냐고, 화재 사건시 문을 열어주지 않은 것은 그들이 도망갈까 봐 그랬다고 말하기 때문이다.

답변들 속에서 한나는 수용소가 비좁았고 새 수감자들이 계속 들어왔으므로 그들 중 60명씩을 정기적으로 선발해 아우슈비츠로 보내는 것이 감시원의 '임무'였다고 말한다. 아이히만처럼 유대인들을 아우슈비츠로 보내는 일을 '일과'나 '업무'라 여겼던 셈이다. 그렇다면 그녀 역시 아이히만과 나란히 '악의 평범성' 테제에 대한 증거로 인용될 만한 인물 아닌가! 그러나 아닌 듯하다. 한나와 아이히만은 다르다.

범법과 무법

단순히 범죄의 질이나 크기를 두고(아이히만은 수만 명을 죽게 했고, 한나는 그에 비하면 상대적으로 적은 숫자인 수백 명을 죽게 했다) 이런 말을 하는 것은 아니다. 또 아이히만은 끊임없이 진부한 말로 자신의 행위를 정당화하거나 치장했지만 한나는 순순히 자신의 행위를(자신이 하지 않은 행위까지도) 인정했다는 이유로 이런 말을 하는 것도 아니다. 둘의 본질적인 차이는 '범법자'와 '무법자'의 차이와 같다.

아이히만은 범법자였다. 그는 제3제국의 법(정확히는 히틀러의 '말')에 따라 국제법(인류 전체에 대한 죄) 혹은 이스라엘의 법(유대인에 대한 죄)을 범한 범법자였다. 즉 그는 법 안에서 법의 이름으로 법을 어겼다. 그러나 한나는 무법자다. 그녀는 법을 모르는 채로 법 바깥에서 법을 (어겼다고 말할 수 없는 방식으로) 어겼다. 따라서 한나가 판사의 질문에 “판사님이라면 어떻게 하셨겠어요?”라고 물을 때 그녀의 이 질문은 ‘판사님이라도 그런 상황에서라면 그렇게 하셨을 거예요’란 의미의 항변이 아니다. 그녀는 정말로 의아하고 궁금하다. 그런 상황에서 자신이 어떻게 했어야 하는지 그녀는 실제로 모른다. 시쳇말로 ‘법 없이 살아온’ 한나는 판사에게 법에 따라 행동한다는 것이 도대체 무엇인지 묻고 있다.

한나가 법 바깥의 인물이란 말은 무슨 의미인가? 영화 중반부가 지나서야 밝혀지지만 한나는 ‘문자’를 모른다. 그런데 문자 중의 문자, 그것이 바로 ‘법’이다. 시나이산에서 신의 문자로 모세의 석판에 새겨진 율법을 예로 들어도 좋고, 라캉의 이른바 ‘상징계’나 ‘대타자’를 거론해도 좋겠다. 법은 문자다. 금기나 법률이 문자로 성문화되기 마련이라는 의미에서만이 아니라, 그것이 우리가 사는 법적 세계Nomos의 구성 원리 그 자체라는 의미에서도 그렇다.

그런 점에서 무죄를 주장하는 범법자는 재판관을 화나게 할 수 있을지언정 당황하게 할 수는 없다. 왜냐하면 그가 제아무리 자신의 죄를 극렬하게 부인한다 하더라도 법 안에서 그렇게 하기 때문이다. 법 안에 있는 자는 어찌 되었든 법의 심판을 받게 할 수 있다. 그러나 무법자는 다르다. 법을 모르는 자를 법의 이름으로 심판하는 일은 일종의 역설이자 모순이다. 법을 모르므로 엄밀한 의미에서는 법을 어겨본 적 없는 자 앞에서 재판관은 당황한다. 따라서 한나의 "판사님이라면 어떻게 하셨겠어요?"(독일 법정에서는 피고인이 판사에게 질문할 수 없다고 한다. 그녀는 법정에서 진행되는 게임의 규칙 자체를 모르고 있는 것이다)라는 질문 앞에서 보인 판사의 태도는 분노가 아니다. 노예가 없는 주인에게서 주인으로서의 권위가 사라지듯, 무법자 앞에서 법의 수호자는 자신의 권위를 잃는다. 법은 당황한다. 그리고 당황했으므로 그녀를 과잉 징벌한다. 그리하여 재판이 끝날 때쯤, 모든 죄는 게임의 규칙을 모르는 한나의 몫으로 돌아간다. (문자를 모르는데도) 한나는 최종 서류 작성자가 되고, 살해의 주도자가 된다. 그녀의 형량은 최종적으로 '무기징역'이다.

물론 그녀는 자신이 문자를 모른다는 사실을 고백함으로써 (서류 작성자가 아니라는 사실이 증명될 테니) 과잉 처벌을 면할 수도 있었다. 그러나 그녀는 그렇게 하지 않는다. 영화에는 등장하지 않지만, 베른하르트 슐링크의 원작 소설에서 철학자인 마이클의 아버지는 그녀의 선택을 '품위와 자유'의 문제로 규정한다. 아이히만과 달리 그녀는 자신의 품위를 지키기 위해 자유의지에 따라 스스로 과잉 처벌을 받아들인다.

욕조 안에서

재판정에 서기 오래전, 마이클과 사랑을 나누던 한나의 방은 아마도 무법의 세계여서 그토록 격렬하고 아늑하고 감

2009 아카데미
영국아카데미 여우주연상
골든 글로브 여우조연상 수상
아카데미 주요 4개부문 노미네이트
영국 아카데미 주요 4개부문 노미네이트
〈빌리 엘리어트〉〈디아워스〉
스티븐 달드리 감독
고통이 커질수록 내 사랑도 깊어갑니다
영혼을 뒤흔든 사랑
더 리더
책읽어 주는 남자
〈이터널 선샤인〉 케이트 윈슬렛 & 〈그랜드 부다페스트 호텔〉 랄프 파인즈
2017년 1월 19일, 기품있는 명작을 다시 만난다

미로웠으리라. 샤워와 낭독과 섹스, 다시 샤워와 낭독과 섹스…… 열다섯 소년과 서른여섯 살의 전범이 나누는 기이한 사랑이라지만 그들의 사랑은 전혀 추하거나 역겹지 않다. 최소한 그 방에서 이루어지는 일들에 관한 한 관객들 또한 법의 시각에서 자유로워진다. 대체로 알몸이지만 한나는 기품 있고, 마이클은 당당하다.

양수처럼 따뜻한 목욕물로 채워진 욕조가 있고, 함께 누워 사랑하고 책을 읽을 수 있는 침대가 있는 그 방에서 한나와 마이클이 누린 충만감은, 당시 마이클이 쓴 시 한 편으로 요약 가능할 듯싶다. 원작 소설에만 등장하는 이 시는 영화의 경우 현재의 마이클이 펼쳐 든 노트에서 잠깐 모습을 드러내지만 읽지 않아 그 내용을 알 수 없는데, 미학적으로 훌륭한 시라고 말할 수는 없다. '우리가 깊이 빠져들면, 너는 내 안으로 그리고 나는 네 안으로'처럼 시적으로 처리되지 않은 서툴고 관능적인 문장들의 나열이기 때문이다. 그러나 이 시가 인간이 최초에 누렸다는 '이자적 관계'(오로지 나와 나의 대상만이 존재하는)의 충만함에 대한 시라는 점은 확실하다. 그러나 나와 내가 사랑하는 대상만이 존재하는 이 세계가 오래갈 수는 없다. 제3항, 곧 문자가 침입한다.

검표원 한나에게 '사무직' 승진 발령이 통보된다. 사무직은 물론 문자를 모르는 이로서는 수행할 수 없는 업무다. 때마침 소년 마이클에게도 이 이자적 관계를 청산해야 할 시기가 도래한다. 친구들(사회적 관계)이 생기고, 소피를 만났으니 그는 이제 법으로 이루어진 성인들의 세계에 들어서야 한다. 그러고 보면 그가 결국 문자화된 법을 다루는 변호사(원작 소설에서는 작가이자 법제사가)가 되는 것은 어찌 보면 당연해 보인다.

한나는 결연히 떠나고 영영 돌아오지 않는다. 그러나 상처는 남아서 마이클은 자신의 감정을 타인에게 열어 보일 수 없는 차가운 성정의 남자로 성장한다. 법의 온도가 대체로 그렇다.

책 더미 위에서 죽다

투옥 후 18년, 사면된 한나가 출소하기 일주일 전 마이클이 방문했고, 이후의 거취에 대해 이야기했다(그때까지 그는 한나를 찾지 않았다. 그러나 그녀에게 그들이 사랑하던 시절 그랬던 것처럼 책들을 읽고 녹음해 보내준다. 한나는 그 목소리들을 따라 문자를 배웠다). 그러나 극적인 해후의 날, 그는 마치 '법처럼' 한나를 대하는데, 한나가 쥔 손을 거절했고, 출소 후 그녀의 거처와 직업과 사회교육 프로그램에 대해 사무적인 어투로 일관했다. 그리고 그가 한나에게 던진 "옛일들 생각 많이 했어요?"라는 질문은 그녀의 기대와 달리 욕조가 있던 그 방의 기억에 대한 것이 아니라 그녀의 범죄에 대한 것이었다. 그러니까 말하자면 '아직 사랑하나요?'가 아니라 '충분히 속죄했나요?'인 것이다.

물론 마이클의 이와 같은 태도도 이해 못 할 바는 아니다.

이별에 대한 일언반구의 암시도 없이 돌연 떠나버린 연인, 수백 명의 유대인 여성들을 죽음으로 몰아넣은 전범, 그러나 너무도 순수하고 기품 있어서 평생 잊을 수 없었던 유일한 사랑이기도 한 이 여자 앞에서, 그가 달리 어떤 태도를 취할 수 있었을까? 게다가 이 영화를 독일의 아우슈비츠 세대(대부분 죄가 없다고는 말할 수 없는)와 전후 세대(68혁명을 겪어 정의에 아주 민감한) 간의 애증에 대한 알레고리로 읽는다면, 그의 주저는 더더욱 이해할 만하다.

그러나 한나의 입장으로 돌아가보자. 지상에 존재하는 유일한 끈이 끊어졌다. 자신이 사랑하는 단 한 사람이 거의 30년만의 해후에서 자신과의 추억을 묻는 게 아니라 이미 속죄했다고 생각한 자신의 죄를 다시 묻는다. 결국 출소하기로 되어 있던 날, 한나는 책 더미 위에서 목을 매달아 자살한다. 그녀가 딛고 선 책들은 릴케의 시집과 『오디세이아』와 『전쟁과 평화』다. 모두 마이클이 즐겨 읽어주던 책들이다.

법 너머로 죽다

한나는 왜 자살했을까? 몇 가지 이유들이 떠오른다. 나가서 맞서야 할 새로운 세계(그 세계는 당연히 '문자-법'이 지배하는 세계일 것이다)에 대한 두려움? 사랑하는 사람(그로 인해 그녀는 문자를 배웠다)에게 더 이상 사랑받을 수 없게 되었다는 절망감? 아니면 18년간 치러온 속죄를 스스로는 끝내 인정하지 못한 자의 마지막 윤리(법 너머의 법)……?

첫번째의 이유는 영화에서도 소설에서도 그다지 크게 부각되지 않는다. 한나는 감옥에서 성실하게 직업 훈련을 받았고 누구보다 모범적으로 생활했다. 그리고 바깥 세계에 나가더라도 직업과 거처가 이미 마련되어 있다.

스티븐 달드리 감독의 해석은 두번째 이유였던 듯하다. 영화에서 한나는 마이클이 읽어주던 책들 위에서 자살한다(소설에서는 그런 언급이 없다). 속죄는 사랑하는 이를 향해 있다. 감독은 이 영화가 '거대한 속죄'보다는 '거대한 사랑'에 관한 영화가 되기를 바랐던 듯하다. 그러나 나로서는 달드리 감독이 이 영화를 만들면서 범한 유일한, 그러나 치명적인 실수가 바로 이 한나의 자살 장면이란 아쉬움을 떨치기가 힘들다.

영화에서와 달리 슐링크의 원작 소설에서는 한나의 자살 직후, 마이클의 눈에 비친 그녀의 책꽂이를 좀더 자세히 묘사한다. 거기 꽂힌 책들의 저자들 중에는 프리모 레비, 엘리 비젤, 타데우시 보로프스키, 장 아메리 등이 있다(이들은 모두 강제수용소에서 살아남아 그 경험을 기록으로 남긴 작가들이다). 예루살렘의 아이히만에 대한 한나 아렌트의 보고서나 강제수용소에 대한 학술논문들도 있다. 그러니까 한나는 문자를 읽을 수 있게 된 후, 집요하게 강제수용소에 대한 문헌들을 읽었던 것이다. 자신이 저지른 죄의 정체를 그녀는 뒤늦게 감옥에 가서야 알았다. 그런데 문자는 법이라고 했으니 말을 이렇게 고쳐도 무방하겠다. 한나는 글을 배움으로써 법의 세계에 진입했고, 법 속에서 줄곧 자신의 죄에 대해 이해하려고 시도했다. 말하자면 그녀는 18년 동안 '법적으로' 속죄했다. 그런 그녀에게 마이클은 다시 이렇게 물었던 셈이다. '당신은 충분히 속죄했나요?'

법적인 속죄는 최대한의 속죄일까? 물론 법적인 견지에서, 한나는 속죄했다. 법이 정한 (과잉) 형기를 모두 마쳤기 때문이다. 법에 따르면 이제 그녀는 죄과를 다 치렀다. 그러나 한나는 애초에 법 밖의 존재, 죄과를 다 치르고 난 그녀는 왜 자살했을까? 마치 안티고네의 '인륜'처럼, 법이 닿지 않는 곳에서 그녀에게 속죄를 명하는 소리가 있었으리라. 말하자면 그것은 법률 너머에서 양심에 작용하는 정언명령 같은 것이었을 텐데, 아마도 그것이 한나가 택한 최후의 선택은 아니었을까? 법에 의해 가해지는 산술화된 처벌이 아니라 자신의 양심에 따른 윤리적 죽음 말이다.

그러니까 그녀는 (달드리 감독의 해석과는 달리) 단순히 사랑하는 이가 읽어주던 책 더미 위에서 죽은 것이 아니다. 그녀는 법 위에서, 아니 '법 너머로' 죽었다. 그리고 그런 죽음은 아이히만(혹은 전두환 같은 이들)으로서는 꿈도 꾸지 못할(그러나 노무현이나 노회찬처럼 정치를 시 쓰기처럼 하려던 이들에게는 종종 찾아오는) 죽음이다. 누군가는 '법 뒤에서' 살아남고 누군가는 '법 너머로' 죽는다. 나는 역사주의자는 아니지만 역사가 그 양자를 어떻게 기록할지에 대해서는 관심이 많다.

속죄하는 글쓰기

슐링크는 소설 말미 마이클의 입을 빌려 한나의 이야기를 오랫동안, 여러 차례, 다양한 판본으로 썼음을 고백한다. 글쓰기를 통해 그녀와의 기억으로부터, 그리고 죄의식으로부터 벗어나기 위해…… 미루어 보건대, 그녀의 죽음에 책임이 없지 않았으니 마이클 역시 한나의 이야기를 고쳐 쓰고 다시 고쳐 쓰면서 사력을 다해 속죄했으리라. 자신의 '법'너머로 죽은 저 윤리적 주체 한나에게…… 글쓰기에는 분명 어떤 속죄의 속성이 있게 마련이니까. 이제 그 '속죄 atonement' 이야기를 해보자.

글쓰기와 속죄

<어톤먼트>, 조 라이트, 2007

다시 쓰고 다시 쓰기

소설 『책 읽어주는 남자』 말미, 주인공이자 화자인 마이클은 자신이 이 글을 여러 번 고쳐 썼다고 말한다. 그러니까 『책 읽어주는 남자』는 죄의식 속에서 반복된 글쓰기의 결과물이다.

영화 <어톤먼트>의 말미, 이제 유명한 작가가 되어 스물한 번째 책을 출간하게 된 브라이오니도 인터뷰에서 이와 유사한 말을 한다. 여러 번의 습작으로 탄생한 작품이라고, 매번 쓸 때마다 이상하게 첫 소설 같았다고. 이렇게 브라이오니의 소설 『어톤먼트』도 1940년부터 1999년까지 다시 쓰고 다시 쓴 '반복'의 결과물이다.

그들은 왜 다시 쓰고, 다시 쓰는 것일까? 이 고통스러운 '반복'이 문제다.

한나의 죽음에 대한 마이클의 책임이 모호한 반면, 영화 <어톤먼트>에서 로비와 세실리아의 비참한 죽음에 대한 브라이오니의 죄과는 명백하다. 어린 날의 위증으로 그녀는 결국 두 연인을 죽음으로 내몰았다.

그녀의 위증은 우선 '질투'에서 비롯된다. 상상력은 풍부한데 경험은 없는 소녀의 풋사랑은 충동적이고 일시적이게 마련이지만, 사람을 죽게 할 만큼 무모하기도 하다. 로비에게 자신이 물에 빠지면 구해줄 수 있느냐고 물은 뒤, 즉각 물에 뛰어드는 장면은 그녀가 로비에게 어떤 마음을 품고 있었는지를 잘 보여준다. 그리고 질투는 항상 사태를 과장해서 보게 하거나 곡해해서 보게 만드는 법, 그녀의 눈엔 세실리아에 대한 로비의 사랑이 오로지 색욕과 폭력으로 보일 뿐이다.

그러나 브라이오니의 위증을 추동한 것이 질투 이면의 계급적 편견이라는 사실을 강조할 필요는 있어 보인다. 흥미롭게도 영화는 브라이오니가 창문을 통해 바깥을 내다보는 장면을 자주 연출하는데, 물론 그 창문은 고색창연한 영국식 저택의 창문이다. (곱게 자란 탓에 정리 강박증자이기도 한) 브라이오니는 저택의 눈으로만 세계를 본다. 그럴 때 하인의 아들인 로비는 (그가 아무리 잘생기고 훌륭한 교육을 받았다 하더라도) 무모하게도 귀족의 지위를 넘보는 '머슴'이 될 수박에…… 이 점은 세실리아를 제외한 다른 가족들도 마찬가지인데, 가령 세실리아의 오빠인 리온은 갑부이자 친구인 폴 마셜에게 로비는 아비가 20년 전 버린 가정부의 아들이고, 자신의 부친 덕에 케임브리지에 갈 수 있었으나, 지금은 정원 일이나 하고 있는 처지라고 소개한다. 이런 말들 속에서 그가 로비를 어떻게 생각하고 있는지는 쉽사리 드러난다.

표면적인 친절과는 달리 이 저택 전체가 실은 로비에게 완전히 (계급적으로) 적대적이라는 사실이 영화적으로 잘 연출된 장면이 있다. 쌍둥이 가출 사건이 일어나던 밤 그들을 찾아낸 로비가 돌아오는 장면이다. 저택의 불빛을 역광으로 받으며 굳은 표정으로 나란히 서 있는 가족들(올려다보아야 하는 로앵글에서 일렬횡대는 얼마나 위압적인가? 이 장면은 <전함 포템킨>의 '오데사 계단의 학살 장면'에 대한 오마주처럼 보이기도 한다), 중앙에는 이 집의 가장 완고한 여주인 어머니가 서 있고 좌우로 귀족들의 자제가 도열해 있다. 그들은 이미 로비를 강간범으로 '단정하고' 있다. 훗날 (브라이오니가 만들어낸 이야기 속에서) 로비가 브라이오니에게 격분하는 이유도 바로 그 점이다. 자신이 받은 교육에도 불구하고 그녀의 가족들은 모두 자신을 하인처럼 대했으며 결국 합심해서 늑대 소굴로 던져 넣었다는 사실을 그는 알고 있었던 것이다.

위증은 브라이오니가 했다. 그러나 그날 저택에 있던 귀족들 모두, 계급적 편견 속에서 그 위증에 공모했던 셈이다.

그리고 그 결과는 두 연인의 죽음이다. 단 하루 서로의 마음을 확인하고, 단 한 번 어둠 속에서 (영국 저택의 심장부이자 전통의 보관소인 고서가를 등지고) 중단할 수밖에 없었던 사랑을 나눈 두 연인은 이후로 영영 만나지 못한다. 로비는 던커크 해변(원작 소설의 방대한 전쟁 묘사를 장장 5분 동안의 롱테이크로 대신한 이 해변 장면이야말로 이 영화의 압권이다)의 한 벙커에서, 세실리아는 발햄의 지하대피소에서 비참한 최후를 맞는다.

이야기는 속죄할 수 있을까

강간 사건 다섯 해 후인 1940년, 브라이오니의 '속죄의 글쓰기'가 시작된다. 타이핑 소리가 영화 안팎을 어떤 장면에서는 미메시스적으로 어떤 장면에서는 디에게시스적으로 넘나드는데, 이 영리한 음향은 우리가 보고 있는 장면이 실은 브라이오니가 쓰고 있는 허구의 세계에 속해 있음을 암시한다. 성 토머스 병원의 추운 다락방에서부터 시작된 그녀의 속죄 행위로서의 글쓰기, 그러나 사후적으로 쓰는 글 따위로 '가장 처참하게' 죽은 연인들에게 속죄할 수 있을까?

꿈과 마찬가지로 기억도 쾌락 원칙의 지배를 받는다. '방어'와 '부인'과 '보상'은 기억이 가장 아픈 곳을 피해 가는 메커니즘들의 이름이다. 기억은 보지 않은 것을 본 것으로, 본 것을 보지 않은 것으로, 책임을 무책임으로, 새드엔딩을 해피엔딩으로 윤색함으로써 기억하려는 자를 죄책감으로부터 보호한다. 브라이오니의 글이 이 윤색을 돌파하지 않는 한(즉 실재와 조우하지 않는 한) 그녀의 '이야기'는 속죄가 될 수 없다.

게다가 '이야기하기'란 애초부터 '실재'를 길들이려는 속성이 있게 마련이다. 인류가 도저히 이해할 수 없는 자연 현상을 이해할 만하고 납득할 수 있는 무엇으로 길들이고자 만들어낸 최초의 이야기가 '신화' 아니었던가? 신화를 대신한 근대의 이야기 형식인 소설도 최종심의 계급투쟁을 은폐하고 봉합하는 '상징화 형식'(프레드릭 제임슨)에 다름 아니라지 않던가? 환자의 '이야기'를 대상으로 한 분석 상담에서도 환자가 발화하는 과거사는 '발견'의 대상이 아니라 '재구성'의 대상이어야 한다지 않던가? 속죄의 글쓰기가 처하게 되는 난경이 여기에 있다. 이야기는 거의 대부분 많건 적건 기억의 쾌락 원칙에 지배당한 거짓말이 되기 십상이다.

따라서 브라이오니의 최초의 글쓰기는 속죄에 이르지 못했으리라. 그리고 중단되었으리라. '반복'(오토마톤)은 그럴 때 증상처럼 발생한다. 실재의 구멍(내가 그들을 죽게 했는데……)은 자꾸 문장들을 모으고 부른다. 그러나 기억의 쾌락 원칙은 그 구멍의 위험을 경고하면서 글쓰기를 중단시키거나 기억을 미화한다(그들은 죽지 않았고, 전쟁 중에 다시 만나 행복하게 바닷가를 거닐고 있어). 그런 식으로 속죄는 실패하고 따라서 글은 다시 쓰여야 한다. 라캉식으로 말해 '실재와의 조우'(투케La Tuché)가 일어나지 않는 한 이러한 반복은 되풀이된다. 브라이오니의 첫 소설이(마이클의 '한나 이야기'도) 오랜 시간 동안, 여러 판본으로 '반복'해서 쓰였던 이유는 이렇게 해명된다.

글쓰기는 속죄할 수 없다

과연 브라이오니는 글쓰기를 통해 속죄에 성공했던가? 영화의 결말, 인터뷰에서 브라이오니는 결국 고백한다. 소설의 결말과 달리 자신은 1940년에 언니를 찾아가지 않았다는 사실, 로비도 세실리아도 그해에 각각 다른 곳에서 비참하게 죽었고, 그래서 누렸어야만 하는 둘만의 시간을 누린 적이 없다는 사실.

그녀의 말로 미루어 보건대, 이제 그녀는 실재와 조우했다. 자신이 쓴 소설에서와는 달리 자신은 끝내 그들을 찾아가지 않았고, 그들에게 사실을 고백하지도 않았고, 그래서 용서받지 못했음을 털어놓았기 때문이다. 그러나 그녀 자신이 아니라 그녀가 쓴 '소설'이 속죄받을 만한지는 모르겠다. 그 소설 속에서 죽지 않고 살아남은 로비와 세실리아는 네 번째 휴가를 맞아 해변을 다정하게 산책하고 있다. 브라이오니는 로비와 세실리아에게 그들이 삶에서 잃은 것을 주고 싶었다고, 이런 식의 허구적 결말이 나약함이나 회피는 아닐 거라고 말하지만, 그렇게만 이해하기엔 그녀의 고백이 너무 늦었다. 혈관성 치매에 걸린 그녀에게는 이제 '남아있는 나날'이 별로 없기 때문이다. 이제 우리 모두는 그녀의 죄를 알았지만, 그녀는 그 죄를 감당해야 할 날들이 얼마 남지 않았을 때에야 그 죄를 고백했다.

그러나 원작 소설의 결말은 그와 조금 다르다. 일흔일곱번째 생일을 맞은 브라이오니가 새벽 다섯 시, 책상에 앉아 고백한다.

> 지난 오십구 년간 나를 괴롭혀왔던 물음은 이것이다. 소설가가 결과를 결정하는 절대적인 힘을 가진 신과 같은 존재라면 그는 과연 어떻게 속죄를 할 수 있을까? 소설가가 의지하거나 화해할 수 있는, 혹은 그 소설가를 용서할 수 있는 존재는 없다. 소설가 바깥에는 아무도 없다. 소설가 자신이 상상 속에서 한계와 조건을 정한다. 신이나 소설가에게 속죄란 있을 수 없다. 비록 그가 무신론자라고 해도, 소설가에게 속죄란 불가능하고 필요 없는 일이다. 중요한 것은 그럼에도 불구하고 그가 속죄를 위해 노력했다는 사실이다. (이언 매큐언, 『속죄』, 한정아 옮김, 문학동네, 2003, p. 521)

나로서는 영화의 결말보다 이 결말이 더 마음에 든다. 영화 속 브라이오니에게 속죄란 '사실의 고백'이었다. 그러나 소설 속 브라이오니에게 속죄란 '속죄할 수 없다는 사실과의 조우'다. 인물과 사건을 마음대로 조종할 수 있는 권한이 소설가에게 주어져 있는 한, 글쓰기를 통한 속죄는 불가능하다. 기억은 쾌락 원칙에 따라 방어되고, 부인되고, 윤색될 것이기 때문이다. 그러나 "그럼에도 불구하고 그가 속죄를 위해 노력했다는 사실"은 남는다. 이야기는 속죄를 완성할 수 없다. 다만 끝없이 속죄하도록 노력하게 할 수는 있다. 이것이 소설 속 브라이오니가 만난 실재의 '윤리'다.

연인에게도 잘못은 있어서

못 본 척 지나가기엔 마음이 허락하지 않는 장면이 하나 있다. 브라이오니의 허구 속에서 로비와 세실리아는 실제 강간범이 폴 마셜이 아니라 대니 하드먼인 줄로 알고 있었음이 드러난다. 폴 마셜은 전쟁을 기화로 벼락부자가 된 귀족이고, 대니 하드먼은 로비보다 더 어리고 못 배운 하급 하인이었다. 그랬으니 브라이오니의 허구 속 연인에게도 잘못은 있다. 계급이 만든 편견의 그물망 속에서 타인을 의심한 잘못……(브라이오니는 그들 또한 편견에 사로잡힌 이들로 만들어 자신의 죄의식을 덜고 싶었던 걸까?). 그리고 나는 그런 질기고도 질긴 편견의 그물망 속에서 평생을 집사로 살았던 한 노인의 이야기를 안다. <남아 있는 나날>의 스티븐스다.

여섯 날 동안의 꿈

<남아 있는 나날>, 제임스 아이버리, 1993

낮의 잔재

가즈오 이시구로의 소설 『남아 있는 나날』의 해설에서 해설자 김남주는 이 소설 제목의 유래에 대해 저자의 인터뷰를 인용해 이렇게 보고한다. "제목을 정하는 것은 아이의 이름을 짓는 것과 비슷하다. [……] 『남아 있는 나날』의 경우에는, [……] 한 작가 친구가 언급한 '낮의 잔재'라는 프로이트의 개념에서 나온 것이다"(가즈오 이시구로, 『남아 있는 나날』, 송은경 옮김, 「작품 해설-김남주」, 민음사, 2021, p. 385). 프로이트의 '낮의 잔재day residue'가 이시구로에 의해 'The Remains of the Day'(낮이 남겨놓은 것들)가 되었다가, 한국어 번역본과 동명의 영화 제목에서는 <남아 있는 나날>이 된 셈이다.

오역이라고 말하고 싶지는 않다. 영화 말미 고집스런 집사 스티븐스는 이제 막 불들이 켜지기 시작하는 해변에서 켄턴 양(벤 부인)에게 이런 요지의 질문을 받기 때문이다. 하루 중 저녁이 가장 좋은 시간이라는데, 자신은 그 시간을 가장 기다리는데, 당신이 기다리는 건 무엇이냐고. 대저택의 영광스런 낮은 다 갔다. 그리고 늙은 스티븐스에게도 저녁이 찾아왔다. 그랬으니 저 질문은 '한때 사랑했던 스티븐스 씨, 당신은 이제 남아 있는 나날들을 어찌 보낼 셈인가요?'라고 묻는 것과 다름없겠다. 따라서 '남아 있는 나날'도 나쁘지 않은 제목이다. 그러나 의문은 남는다. 이시구로는 도대체 프로이트의 '낮의 잔재'라는 말을 빌려 무슨 말을 하고 싶었던 것일까?

구멍 난 저택을 떠나는 꿈

'낮의 잔재'라는 말은 프로이트의 『꿈의 해석』 다섯번째 장 「꿈-재료와 꿈-출처」에 등장한다. 대체로 우리가 꾸는 꿈은 최근 겪은 낮의 기억들을 재료로 삼는다는 것이 그의 설명이다. 그렇다면 영화 <남아 있는 나날>을 인생의 황혼을 맞은 집사 스티븐스가 (영광스런 대저택에서 보낸) 낮의 잔재들을 재료 삼아 꾼 한 편의 꿈으로 읽는다고 해서 무리한 독법은 아니겠다.

그렇게 읽을 때, 스티븐스의 '휴가'는 '수면'과 유비될 만하다. 다만 휴가 중에는 몸이 쉬지만, 수면 중에는 (이드와 초자아의 야단법석에 지친) '자아ego'가 쉰다는 차이는 있겠지만…… 마찬가지로 그의 '여행'은 '꿈'과 유비될 만하다. 여행도 꿈도 얼마간의 현실 원칙을 쾌락 원칙에 넘겨준다는 점에서 그렇다. 휴가를 즐기기 위해 여행을 가듯, 수면 상태를 누리기 위해 우리는 꿈을 꾼다. 꿈은 잠을 방해하는 (내적, 외적, 성적) 자극을 '소원 성취'를 통해 해소함으로써 우리로 하여금 수면 상태를 연장할 수 있도록 해준다고 말한 이도 프로이트다.

아니나 다를까, 영화가 시작되면 스크린 가득 영국식 대저택의 일러스트가 펼쳐진다. 그리고 그 중앙에 구멍이 뚫리고, 커지는 구멍 속으로 영국의 전원을 달리는 자동차가 보인다. 스크린 너머의 세계로 향하는 차, 곧 여행의 시작, 꿈으로 치자면 '입몽入夢'이다. 그런데 꿈은 자극에 맞서 수면을 보호하는 조력자라고 했으니, 도대체 어떤 자극이 스티븐스의 편안한 수면을 방해했던가?

세상 구경 좀 하고 오라며 여행을 권유한 이는 (달링턴 경을 대신해) 저택의 주인이 된 미국인 루이스다. 그러자 스티븐스는 좀 엉뚱하게도 "과거에는" 이 집 안에서도 세상을 볼 수 있었다고 답한다. 자극의 정체는 이 대답에 있다. "과거에는" 달링턴의 저택이 지구의 중심이었다(고들 착각했다). 각국의 내로라하는 귀족들이 유럽의 운명을 농단하던 중심(실은 독일의 전쟁 준비를 신사도라는 이름으로 돕는 일이었음이 드러나지만)…… 그러나 지금 그 저택은 유럽의 중심이 아니다.

켄턴 양의 편지 낭독과 함께 시작하는 영화 초입 "매국노의 보금자리 헐리다"라는 『데일리』지의 기사가 언급되고, 결국 저택을 루이스가 구입했다는 정보가 관객들에게 먼저 전해진다. 그리고 상징적이게도 '신사도'라는 이름의 엘리자베스 시대 그림이 미국인 루이스에 의해 경매되는 장면도 보인다. 미국인 소유의 달링턴 홀은 이제 세상의 중심이 아니다. 당연히 스티븐스는 이제 그 중심을 통해 세계를 볼 수 없다.

게다가 세상 사람들의 말대로라면 그는 전쟁 유발에 중요한 책임이 있는 매국노를 아무런 성찰 없이 평생 보살핀 일종의 부역자다. 그랬으니 주인의 품위가 집사의 품위를 결정한다는 그의 평소 신념에 따를 때 그의 마음이 편할 리가 없다. 자부심으로 가득했던 그의 삶은 산산조각 났다. 그러므로 여행은 (꿈이 그렇듯) 그에게 이 결여를, 이 산산조각 날 위기에 처한 삶을, 메우고 기워주어야 한다. 무엇들을 덧대고 이어 붙여서? '낮의 잔재들,' 그러니까 영광스러웠던 날들의 기억이 재료다. 물론 목표는 소원 성취, 곧 각성 없는(세계는 변하지 않았고, 내 삶은 옳았어!) 영원한 잠이다.

던커크에서 죽은 내 아들의 방에서 주무세요

따라서 여행 중 그가 떠올리는 낮의 잔재들은 대체로 감동적이고 영광스럽다. 회고(그러니까 낮의 잔재들로 누빈 퀼트 같은 꿈) 속에서 그는 단 한 치의 오차도 없이, 단 한 조각의 사심도 없이 '신사' 달링턴 경을 보필했다. 역시 평생을 '위대한 집사'로 살다가 죽은 자신의 아버지 윌리엄처럼…… 그 아버지가 죽는 순간 할 말이 있다고 그를 부를 때조차 바쁘다고 내일 얘기하자고 답한 이가 스티븐스다. 그는 실제로 바빴는데, 독일의 재무장을 논하는 유럽의 인사들이 연회장에 모여 있었고 그들의 수발을 들어야 했기 때문이다.

분명 자신을 사랑하고 있음에 틀림없는 켄턴 양이, 다른 이의 청혼을 받아들였다며 그에게 마지막 손을 내밀 때도, 위층에 가봐야 한다고, 아주 중대한 모임이 있다고 거절한 이가 그다. 정직한 그는 역시 실제로 바빴는데, 위층에서 독일 대사와 영국 총리와 달링턴 경이 비밀 회담을 열고 있었기 때문이다. 곧이어 방에서 들리는 켄턴 양의 서러운 울음소리, 돌아오는 길에 그 소리를 듣고 문을 열고 들어간 스티븐스가 입을 연다. 그러나 고작 그 입에서 나온 말은 어린 하인에게 창고 청소를 시켜달라는 게 전부다.

단 한 치도 흐트러짐 없이 임무를 수행한 집사의 기억이 복원되었다. 그렇다면 이제 그의 여행-꿈은 소원을 성취한 것일까? 그렇다기엔 그가 꾼 꿈이 너무 허술해서 차라리 소원을 성취하기는커녕 그것을 조롱하는 악몽에 가까워 보일 때가 많다.

가령 여행 도중 잠깐 들른 상점의 주인이 그 저택에 달링턴 경이라는 이름의 나치가 살지 않았더냐고 묻는다. 물론 스티븐스는 지금의 주인은 미국인이고 자신은 그전 주인은 모른다고 부인한다. 또 선술집에서 만난 해리 스미스라는 사내도 그의 면전에서 신사란 모름지기 자기 의견을 피력할 권리와 대표자 선출권을 가져야 한다고, 나치와 싸운 이유도 그것이라고 말한다. 그러나 스티븐스는 오히려 단 한 번도 주인 앞에서 자기 의견을 피력해본 적이 없음을 자랑스러워해왔다. 저 말에 따를 때 그는 절대 신사가 아닌 셈이다. 넌 눈뜬장님 아니냐고 묻는 달링턴의 대자代子 칼라일의 말은 더 독하다(그는 훗날 독일과의 전쟁에서 죽게 된다. 바로 자신의 대부에게 큰 책임이 있는 그 전쟁에서).

결정적인 장면은 묵을 방을 안내해주면서 선술집 주인장(테일러)이 하는 말이다. 그 방은 "던커크에서 죽은 장남"의 방이다. 그 방에서, 그 청년의 사진들이 여전히 놓여 있고, 그가 입었던 옷들이 여전히 걸려 있는 그 방에서 스티븐스가 자야 한다. 이것은 소원 성취의 꿈인가, 악몽인가?

아버지 제가 불타고 있는 것이 보이지 않으세요?

짐작건대 그 밤에 스티븐스가 꿈을 꾸었다면 그것은 아마도 그 유명한 '불타는 아이의 꿈'과 다르지 않았으리라. 어떤 부인 환자가 들려주었고, 프로이트가 기록했다가(『꿈의 해석』 일곱번째 장), 라캉의 '세미나'(『세미나 11』)로 유명해진 이 꿈 속에서, 소원 성취의 꿈은 순식간에 '실재와의 조우'를 실현한다.

오래 앓던 아이가 죽은 밤, 늙은 노인 시중에게 시신을 지키게 하고 옆방에서 잠이 든 아버지가 꿈을 꾼다. 꿈속 아이가 침대 곁으로 다가와 그의 손을 잡고 묻는다. "아버지 제가 불타고 있는 것이 보이지 않으세요?" 물론 프로이트는 이 악몽 역시 수면을 연장하기 위한 소원 성취의 꿈이라고 단정 짓는다. 왜냐하면 바로 그 순간 죽은 아이는 꿈속에서 살아 있기 때문이다. 꿈에서(물론 일어나면 아이의 죽음을 다시 확인하게 될 테지만), 아버지의 소원이 이루어졌다.

그러나 라캉의 해석은 다르다. 아이가 살아난 것은 소원 성취라 치자. 그러나 이 꿈이 소원 성취라면 아이가 뱉은 그 참담하고 슬픈 말은 도대체 무엇이란 말인가? 바로 그 말 때문에 그는 소스라치며 깨어났고 현실로 돌아온다. 그럴 때 꿈은 어디를 지시하는가? 꿈이 말해주는 진실, 그러니까 바로 자신이 아이의 죽음과(부자 관계의 오래된 신화가 지시하듯이), 화재에 책임이 있다는 진실(밤을 지새울 능력이 없는 노인에게 시신을 맡김으로써) 앞에서, 그는 차라리 꿈을 피해 현실로 돌아간 것은 아닌가? 아이의 죽음을 다시 확인하게 되더라도, 차라리 노인을 질타하고 급히 화재를 진압함으로써 책임감 있고 최선을 다한 아버지의 위치로 복귀하는 것이 꿈이 실현한 '실재와의 조우'가 주는 고통보다는 낫지 않을까? 라캉의 질문은 요컨대 이런 것이다. 우리는 현실을 피해 꿈으로 도망가는가? 꿈을 피해 현실로 돌아오는가?

그렇다면 던커크에서 죽은 청년의 방에서 하루를 묵은 후, 다시 만난 켄턴 양(이제는 벤 부인)이 그에게 던진 질문은, 스티븐스에게는 차라리 고문 같았으리라. "당신이 기다리는 건 뭔가요?" 기억의 보상을 기대했던 여행에서 그는 되레 자신의 전체 삶에 구멍이 나버렸음을 (대저택에 난 구멍!) 확인했다. 소원 성취로 시작한 꿈이 '투케'를 준비해두고 있었던 셈이다. 자, 이제 그는 여전히 현실을 피해 꿈(설사 악몽일지라도)을 계속 꾸어야 하는 것일까? 꿈이 가리키는 고통스런 진실을 피해 다시 현실(대저택의 집사)로 돌아가야 하는 것일까?

그러나 이 위대한 집사의 대답은 오래 걸리지 않는다. 스티븐스는 말한다. 저택으로 돌아가서 빨리 하인들 문제를 해결해야 하고, 그렇게 자신은 항상 일하고 또 일하고 앞으로도 그럴 거라고. 그는 불타는 아이의 아버지처럼 꿈에서 깨어나 다시 충실한 집사가 되기로 작정한 모양이다. 아무래도 투케는 항상성을 유지하려는 쾌락 원칙의 입장에서는 불쾌이니까……

비둘기, '데우스엑스마키나' 혹은 날아다니는 가축

비둘기 한 마리에 대한 이야기가 남아 있다. 여행에서 돌아온 달링턴의 저택, 아니 이제 루이스의 저택에 '신사도'를 벽에 거느라 하인들이 북적거린다. 다시 직무로 돌아온 스티븐스가 주인과 인사를 나누는데, 느닷없이 비둘기

한 마리가 날아든다. 이 생뚱맞은 '데우스엑스마키나deus ex machina'(기계장치 신)가 영화의 결말을 모호하게 한다(소설의 결말은 달랐다. 스티븐스는 물론 다시 복귀하지만 그가 바닷가에서 우는 장면이 먼저다. 그리고 '농담'에 대해 말한다. 감정이 생긴 셈이다).

천장의 유리에 몇 번 부딪히고 내려앉은 비둘기를 미국인 루이스가 손으로 잡아 창문 밖으로 날려 보내준다. 이 뻔한 상징 속에서 물론 비둘기는 새장 안의 스티븐스다. 이어지는 '버즈 아이 뷰.' 카메라는 새처럼 자유롭게 대저택을 벗어나 하늘로 날아오른다. 이 비상을 어떻게 해석해야 할까? 돌아온 집사와 풀려난 비둘기…… 집사의 몸은 저택에 있지만 이제 그의 영혼은 자유롭다? 영혼은 비상을 꿈꾸지만 그의 몸은 여전히 새장 속에 갇혀 있다?

물론 해석은 관객들 각자의 몫이다. 다만 나로서는 저 관대한 주인 루이스를 연기한 배우가 바로 크리스토퍼 리브, 그러니까 원조 '슈퍼맨'이었다는 사실, 그가 이 저택에서 열렸던 비밀 회담에서 강조했던 것이 바로 호모이코노미쿠스들의 미덕인 '프로 정신'(아마추어 신사도가 아니라)이었다는 사실, 그리고 물려받은 거대한 유산으로 이 저택과 '신사도'를(실은 스티븐스까지) '사들였다'는 사실은 지적해두어야 공평할 듯싶다.

그리고 한 가지만 더, 비둘기는 요즘 하는 꼴로 미루어 보건대 더 이상 자유나 평화의 상징이 아닌 것 같다는 말도 덧붙인다. 이 조류는 이제 그저 날아다니는 가축으로 보여서 점점 닭과 구분이 되질 않는다.

나는 보험번호 숫자가 아닙니다

<나, 다니엘 블레이크>, 켄 로치, 2016

‘일괄구매’당한 영국

<남아 있는 나날> 이야기를 좀더 해보자. 가즈오 이시구로의 소설에서 저택을 산 사람은 미국인 패러데이였다. 그러나 영화 속에서 달링턴 경의 저택을 사들인 사람은 루이스다(1936년에 열린 비밀 회담에 참석해 달링턴 경을 점잖게 조롱했던 미국 하원의원이다). 회담 말미 그는 ‘신사정신’에 따라 독일의 안정화(실은 재무장)를 도우려는 달링턴 등의 신사들을 ‘고결한 아마추어’라 비판하고, 이제 현실 세계는 ‘프로’들이 지배하게 될 것이란 취지로 딴지를 걸었던 적이 있다. 이 장면은 감정이라고는 없어 보이던 집사 스티븐스가 연회장에서 시중을 들며 유일하게 감정의 동요를 겪는 장면이기도 하다. 그는 끝내 화를 감추지만, “당신이 프로라고 말하는 그것은 실은 탐욕 아니오”라는 달링턴의 답을 듣기 전까지 자리를 뜨지 않는다. 위층에서는 아버지가 방금 죽었는데도 말이다.

달링턴 사후 헐릴 뻔한 저택을 바로 그 루이스가 구입한다. 경매장에서 '신사도'라는 제목의 엘리자베스 시대 그림도 사들이고, 집사 스티븐스도 재고용한다(이시구로는 소설 속에서 이를 매정하게도 '일괄구매'라고 표현한다). 자신이 가장 싫어했던 미국인을 이제 주인으로 모셔야 하는 스티븐스의 처지는 참 아이러니하다.

그러나 그런 아이러니보다 더 강조되어야 할 것은 '저택'의 상징성이다. 1980년대 이후 영국 헤리티지 영화들 속에서 저택은 항상 '지난 시절 영국의 영광'에 대한 향수의 매개체이자 복원되어야 할 '위대한 영국'의 상징이었다(아이버리 감독이 이 분야의 전문가였다). 그런 저택을 (일급 집사인 스티븐스와 함께) 루이스가 사들였고, 그 벽에는 거액을 주고 구매한 '신사도'를 걸었다. 신사도(영국의 정신)도 저택(영국의 영광)도 이제 미국인 루이스의 것이다.

흥미로운 것은 캐스팅이다. 루이스 역을 맡은 이는 '크리스토퍼 리브,' 그 유명한 미국산 슈퍼히어로 '슈퍼맨'으로 유명해진 바로 그 배우다. 어떤 강렬한 캐릭터는 이후의 캐릭터에 의해 완전히 덮어쓰기 되지 않는다는 사실을 모를 아이버리가 아니다. 가령 송강호는 어떤 캐릭터를 연기해도 <초록물고기> 시절의 송강호와 겹쳐지기 마련이고, '로다주'는 어떤 캐릭터를 연기해도 <아이언맨>과 겹쳐지기 마련이다. 당연히 크리스토퍼 리브는 어떤 역을 해도 슈퍼맨이 연상될 수밖에 없다. 그런 그에게 아이버리 감독이 루이스 역을 맡겼다. 그리고 그로 하여금 영국을 일괄구매하게 했다.

그것은 미국식 자본주의(모든 견고한 가치들을 녹아내리게 만드는)가 '영국적인 것'을 잠식해가는 사태에 대한 위기감의 소산이었을까? 아니면 무엇이든 사고파는 장사치 미국인에 대한 냉소였을까? (영화에서는 영국의 귀족들이 그를 장사치라 비아냥거리며 키득거리는 장면이 등장한다.) 아니면 격식 없고 유머러스한 미국식 문화가 답답한 저택으로부터 비둘기 한 마리(마치 고대 비극의 '기계장치 신'처럼 단박에 영화를 마무리지어주던)라도 날려주기를 바라는 기대감이었을까?

그 이유야 어찌 되었건, 그로부터 수십 년이 흘러 켄 로치의 <나, 다니엘 블레이크>가 개봉되던 2016년, 슈퍼맨에 의해 일괄구매당했던 영국은 어찌 되었나? 스티븐스와는 사뭇 다른 한 노인이 영국을 증언한다. 그는 '다니엘 블레이크'다.

댄!

나는 그를 극 중 케이티가 그랬듯 애칭인 '댄'으로 부를 셈이다. 그러지 않을 도리가 없는데, 그것은 그가 오래 같이 지낸 친구 같고, 마르크스만큼 존경스럽고, 죽기 전의 내 아버지처럼 안쓰럽고, 비 오는 날 폐지를 줍는 등 굽은 할머니처럼 불쌍하고, 바위를 향해 돌진한 달걀처럼 자랑스

15분 간의 기립박수
"당신의 가슴과 영혼을 울리는 걸작"
- Donald Sutherland, 2016 칸영화제 심사위원 -
I, Daniel Blake
PALME D'OR
FESTIVAL DE CANNES
2016 칸영화제 황금종려상
2016 로카르노영화제 관객상
2016 산세바스티안영화제 관객상
2016 토론토국제영화제
2016 밴쿠버국제영화제
2016 부산국제영화제
다른 세상을 향한 따뜻한 희망
나, 다니엘 블레이크
켄 로치 감독 • 폴 래버티 각본
12월 8일, 켄 로치 최고의 걸작을 만난다!

이미지: 영화사 진진 제공

럽고…… 기타 등등의 이유 때문이다.

40년을 목수로 살아 못 만드는 것이 없는 댄, 바닷바람에 기대 여행하는 게 꿈이었던 미친 아내를 위해 물고기 모빌을 만들었고, 몸이라도 팔지 않고서는 두 아이를 돌볼 여지라곤 없는 케이티를 위해 책상을 만든 댄…… 전기가 끊겨 추위에 떠는 데이지와 딜런을 위해 순식간에 뚝딱뚝딱 촛불 난로를 만들어주고, 다 팔아도 손때 묻은 공구는 팔지 않던(사실 이런 이들이 '프로'다) 장인 댄…… 인터넷을 몰라 죽은 댄, 서류를 작성할 줄 몰라 죽은 댄, 이력서 파일을 만들 수 없어 죽은 댄, 자신이 아프다는 사실도 아프지 않다는 사실도 증명할 수 없어 죽은 댄……, 그러나 어떤 순간에도 고집스럽게 자존감을 잃지 않던 댄…… 실은 나는 그래서 일찌감치 그를 존경하는 친구로 여기기로 작정했다.

질병수당 vs 구직수당

그의 곤란을 짐작케 하는 상담 대화로부터 영화는 시작한다. 상담원은 어맨다, 그녀는 고용연금부 파견 직원이다. 정확히는 '고용연금부가 (아마도) 입찰에 의해 선정한 미국 업체에서, 고용지원수당 대상자 심사를 위해 파견한, 의료 전문가'다. 의사도 간호사도 아니니 그 전문성의 정체를 알 수는 없지만, 어쨌든 전문가니까 프로정신(푸코는 이렇게 미국에서 탄생한 신인류를 '호모이코노미쿠스'라고 부른 적이 있다)으로 일하는 것은 당연한 일이다.

스스로를 의료 전문가라고 칭하는 저 직원에게 댄의 아픈 심장은 관심사가 아니다. 그렇다고 다른 신체 부위의 건강이 관심사인 것도 아니다. 팔을 올릴 수 있는지, 모자를 쓰거나 전화를 받을 수 있는지, 말하자면 이자가 일할 수 있는 사람인지 아닌지가 그녀의 유일한 관심사다. 자신이 가지고 있는 매뉴얼의 질문지를 다 채우는 것, 그리고 댄에게 질병수당을 줄 것인지 말 것인지를 점수화해 보고하는 것이 그녀의 업무다. 결국 댄은 12점짜리……, 15점짜리 중증은 되어야 질병수당을 받는데 말이다.

항고하려는 댄, 그러나 항고하려면 시간이 걸리고 그전에 질병수당은 틀렸으니 구직수당이라도 받아야 한다. 그러나 문제는 인터넷이다. 그는 연필 시대 사람, 컴퓨터라고는 근처에도 가본 적이 없다. 그러나 구직수당 신청은 인터넷으로만 가능하다. 그리고 인터넷 신청 양식 작성법은 인터넷에 공고되어 있다. 그러니까 짧지 않은 저 대화(엄밀하게는 대화라고 볼 수 없다. 상담원의 목소리는 녹음된 것이나 진배없을 만큼 기계적 절차밖에 모르므로)를 요약해보면 이렇다. '인터넷에서 신청하세요, 못하시겠으면 난독증 상담을 받으세요. 번호는 인터넷에 있어요.'

아, 이 복지 권력(푸코라면 '생명권력'이라 불렀을 테지만)을 어떻게 납득시킬 수 있을까? 영화를 보는 내내 멀쩡한 사람의 심장도 협심증에 걸리게 만들 것 같은 저 가장 비효율적으로 효율적이고, 가장 비인간적으로 인간적인(복지!) '민영화'(신자유주의의 꿈!)된 공적 서비스 시스템을 말이다. 어쩌면 댄은 답답해서 죽었는지도 모르겠다.

살릴 수 있으나 죽게 내버려 두는

푸코와 아감벤은 20세기에 권력의 지배소가 된 '생명권력'을 종종 '살게 하거나 죽게 내버려 두는' 권력으로 정의한다. 따라서 케이티가 댄의 장례식장에서 이웃과 많은 것을 나눈 이 훌륭한 사람을 정부가 너무 빨리 죽음으로 이끌었다고 말할 때, 그 말은 반드시 늙고 고집 센 마르크스주의자 켄 로치의 과장된 정부 비판 의도를 반영한 것만은 아니다.

댄이 펄쩍 뛰며 화내는 장면이 있다. 인터넷 신청을 도와준 옆집 청년 차이나 덕에(그 덕에 우리도 한 켤레의 운동화 값 속에 얼마나 많은 제3세계 노동자들의 비지불분 노동력이 포함되어 있는지를 알게 된다. 그리고 프리미어리그가 얼마나 미친 돈놀음인지도!), 질병수당 항고 신청서를 출력할 수 있다는 사실을 알았을 때다.

그러니까 저 민영화된 신자유주의 공적 서비스 시스템은 댄을 살릴 수 있었다. 그것도 간단하게…… 신청서 몇 장만 출력하면 되는 일이었으니까. 그러나 그들은 그렇게 하지 않았는데, 하나의 인격체이자 주체로서의 '그, 다니엘 블레이크'는 그들의 서류에 없었기 때문이다. 고유한 한 인간을

이미지: 영화사 진진 제공

대하는 것이 아니라, 각각의 개인들을 생물학적 수준으로 환원시켜 '인구'로 셈하는 것이 또한 생명권력의 통치 기술이다. 다니엘 블레이크는 이 권력에게 그저 실업률과 질병 인구 비율, 그리고 그들에게 소용될 예산의 효율성에 관여하는 하나의 숫자 이상이 아니었다. 그들은 그를 살릴 수도 있었다. 그러나 죽게 내버려 두었다.

댄이, 왜 그토록 '나'에 집착했는지 우리는 이제 알 수 있을 듯도 하다. 그는 바로 그 민영화된 생명권력의 담벼락에 이렇게 낙서했다. "나 다니엘 블레이크, 굶어 죽기 전에 항고일 배정을 요구한다. 상담 전화의 구린 대기음도 바꿔라." 고유한 이름을 가진 '나'는 숫자로 환원될 수 없으니까…… 그러나 그는 정작 항고가 성사된 당일, 화장실에서 비참하게 숨을 거둔다.

숫자 아닌 '나' 다니엘 블레이크

장례식장에서 케이티가 대신 읽은 댄의 메모에는 이런 말들이 적혀 있었다.

> 나는 의뢰인도 고객도 사용자도 아닙니다. 나는 게으름뱅이도 사기꾼도 거지도 도둑도 아닙니다. 나는 보험번호 숫자도 화면 속 점도 아닙니다. 난 묵묵히 책임을 다해 떳떳하게 살았습니다. 난 굽실대지 않았고 이웃이 어려우면 그들을 도왔습니다. 자선을 구걸하거나 기대지도 않았습니다. 나는

> 다니엘 블레이크, 개가 아니라 인간입니다. 이에 나는 내 권리를 요구합니다. 인간적 존중을 요구합니다. 나, 다니엘 블레이크는 한 사람의 시민 그 이상도 그 이하도 아닙니다. 감사합니다.

명문은 아니다. 그는 컴퓨터도 못 다루는 늙은 목수였으니까…… 그러나 이제 영화를 본 우리들은 저 문장들이 얼마나 절실한 것인지를 안다. 그리고 미국산 영웅 슈퍼맨이 일괄구매한 지 수십 년이 지난 영국의 생명권력에 대해 다니엘 블레이크가 얼마나 담담하고 고결하게 저항했는지도 안다.

이미지: 영화사 진진 제공

맥머피의 사인死因, 추장의 행방

<뻐꾸기 둥지 위로 날아간 새>, 밀로시 포르만, 1975

맥머피, 등장

무대는 미국의 한 정신병동, 유들유들하고 거칠어서 다루기 힘들어 보이는 한 사내가 경찰에 이끌려(실은 앞장서듯 당당하게) 건물에 들어선다. '의학 권력'(생명정치 시대에 의학은 완연한 법적 효력을 갖는다. 최종적으로 한 신체의 처벌 여부는 의학 권력이 결정한다)이 호명하는 바에 따르면, 그의 이름은 랜들 패트릭 맥머피(젊은 날의 잭 니컬슨이다), 그러나 나는 다니엘 블레이크를 '댄'이라고 불렀듯, 그 역시 편하게 '맥머피'라 부를 참이다. 그의 타고난 반항적 기질이 매력적이어서 그렇기도 하지만, 그의 죽음이 또한 댄의 죽음과 흡사하기 때문이다. 댄이 '생명권력'에 의해 '죽도록 내버려졌다면,' 맥머피는 '규율권력'에 의해 '순종적 신체'로 개조되어 죽음을 맞는다. 나는 그런 죽음, 그러니까 '쓸모없다'거나 '비정상적'이라고 판정된 신체들의 사인死因에 관심이 많다.

"이제 같이 가면 돼"

맥머피는 왜 죽었나? 영화 말미, '추장'이 그의 얼굴을 베개로 눌러 호흡을 멎게 했으니, 맥머피의 직접적인 사인은 물론 질식사다. 그러나 관객들이 이 공식적인 사인에 동의할 것 같지는 않다. 그토록 활달하고 다루기 힘들던(이 말은 그가 진정한 자유인이었다는 의미이기도 하고, 바로 그 이유로 치료를 필요로 하는 비순종적 신체였다는 말이기도 하다) 맥머피가 2층에서 '치료(?)'를 받은 후 '양처럼 순해져' 혹은 '산송장이 되어' 돌아왔다. 그런 그의 얼굴을 베개로 덮어 누르면서 추장은 날 두고 가지 않을 줄 알았다고, 이제 같이 가면 된다고, 나 자신 산처럼 든든해졌다고 말한다.

그렇다면 추장이 그를 '죽였다'기보다는 이미 죽은 그를 '데리고 갔다'고 하는 편이 옳겠다. 인디언들은 영혼을 믿는다거나 특별히 자유로움을 선호한다는 식의 해석을 덧붙일 필요도 없다. 제 목조차 가누지 못하고, 눈에 초점마저 사라져버린 신체는 이미 산송장, '살아 있는 시체'에 불과하다. 그런 신체의 호흡을 멈추게 했다고 해서 추장을 살인자라 부를 수는 없다.

더더군다나 맥머피가 해내지 못한 일을 수행하는 이가 바로 추장이기도 하다. 추장은 영화 초입 맥머피가 들어 올리려다 실패한 대리석 급수대를 들어 올려 창문을 부수고 탈출한다. 그럴진대 맥머피는 차라리 추장이 실현할 자유를 예비하고 죽은, 요한적 존재라고 하는 편이 맞을 듯하다.

요컨대 질식사는 그의 사인으로 볼 수 없다.

사회를 보호해야 한다

질식사(의학적 죽음)하기 이전에 맥머피는 이미 '치료'에 의해 죽임(상징적 죽음)을 당했다고 보는 편이 타당하다. 그런데 '치료에 의한 죽음'이라니…… 이 말은 꽤나 역설적이다. 치료란 한 신체의 개선을 목표로 하는 의료 행위일진대, 그 행위에 의해 한 신체가 죽음을 맞이하게 되었다는 말은 어떤 의미인가? 이쯤에서 맥머피에게 가해진 치료 행위의 정체가 궁금해진다.

병동 2층에서 그에게 행해진 치료는 아마도 (그의 이마에 생긴 수술 자국으로 미루어 볼 때) 전두엽 제거술이었던 듯하다. 지금은 시행되지 않는 시술이다. 그러나 이 시술을 곧이곧대로 지금은 사라진 의학적 구습으로만 이해해서는 곤란하다. 의학 권력(생명권력과 규율권력이 의학을 매개로 착종된 권력)이 '말 안 듣는' 신체를 '양처럼 순한' 신체로 개조하기 위해 절개한 '전두엽'은 아마도 '한 신체의 자유를 관장하는 부분'의 다른 이름일 것이다. 말하자면 의학 권력의 치료가 한 신체의 자유를 절개했다. '자유'가 자신의 가장 유력한 정체성이었던 맥머피는 그때 이미 죽은 셈이다.

그를 치료해야 했던(상징적으로 거세해야 했던) 이유는 이제 분명해 보인다. 감독도 의도했음이 틀림없는바, 정신병동은 당시 미국 사회의 축소판이다. 수간호사 래치드는 그 사회를 보호해야 하는 생명권력의 수장, 그녀가 부여한 온갖 규율들은 반드시 지켜져야만 한다. 규율은 (강제된 법이 아님에도 불구하고) 자발적인 복종을 통해 범법과 비정상을 예방하고 치료하기 때문이다. 영화 <뻐꾸기 둥지 위로 날아간 새>가 한 정신병동을 모델로 삼아 우리에게 보여주는 것이 바로 그 규율 메커니즘의 작동 방식이다. 마치 미셸 푸코의 『감시와 처벌』에 대한 영화적 오마주라도 되는 것처럼(감독이 이 책을 읽었는지는 알 수 없다) 카메라는 기꺼이 규율권력의 작동 방식을 면밀히 관찰하는 현미경이 된다.

공간의 폐쇄와 분할(병동의 문은 항상 잠겨 있고, 내부는 의학적 시선의 편의에 따라 정교하게 분할되어 있다), 일망 감시적 건물 구조(유리로 된 투약실 내부에서 래치드는 모든 환자의 일거수일투족을 감시한다), 지식과 권력의 결탁 관계(경찰과 병원의 상호 협조는 말할 것도 없고, 의학적 지식이 이른바 정상성과 비정상성을 판별하는 기준을 제공한다), 감시의 내면화(맥머피를 제외한 환자들은 자발적으로 규율을 내면화하고 스스로를 병동 속에 유폐시킨다) 등등, 밀로시 포르만 감독은 푸코가 제시한 그 어떤 규율권력의 세부도 간과하지 않는다. 맥머피만 아니라면 이 병동의 규율 메커니즘은 벤담의 '파놉티콘'만큼 완벽하다.

그런데 맥머피가 자꾸 그 규율들을 우스갯거리로 만들어버린다. 이 영화에서 가장 통쾌하고 해방적인 장면들이 연출

JACK NICHOLSON
ONE FLEW OVER THE CUCKOO'S NEST
Fantasy Films presents
United Artists

되는 것도 그럴 때다. 가령 어선 탈취 에피소드, 농구장 에피소드, 그리고 탈출 전야의 파티 에피소드…… 이 장면들을 보는 재미는 독자들에게 남겨두고, 어쨌든 맥머피가 있는 곳에서 규율 메커니즘은 항상 통제 불능 상태가 되고 만다는 점은 강조할 필요가 있다. 그랬으니 그를 치료할 수밖에……, 아니 상징적으로 살해함으로써 그를 '없는 존재'로 만들 수밖에……

이제 다시 일과를

맥머피의 사인, 그러니까 결국 탈출에 실패하고 2층에서 전두엽을 절개당하게 된 결정적인 계기는, 그가 래치드의 목을 조른 사건 때문이다. 물론 생명권력과 규율권력의 수장인 래치드는 이 영화에서 가장 얄밉고 기계적인 냉혈한임에 틀림없다. 그러나 그녀보다 더 악랄하게 여겨지는 뭔가가 있다. '시간표'가 그것이다.

푸코도 지적했듯이 규율과 시간표의 관계는 특별하다. 일반적으로 규율은 통제할 신체들의 동작에 일정한 시간을 부여하고, 동작 하나하나를 유용한 것으로 만들기 위해 신체 사용 방식을 학습시킨 후, 이를 다시 신체 외부의 기계들과 연결시킨다. 간단히 말해 시간표를 작성한다.

규율은 우선 분초 단위로 시간을 계산한다. 이를테면 50분 수업 후 10분 휴식, 점심 식사는 40분 이내에, 청소 시간은 6교시 후 20분, 6시 기상 후 6시 30분까지 구보, 9시 출근 6시 퇴근 등등. 또한 규율은 신체가 사용하는 시간의 질을 높이려는 경향도 있다. 즉, 끊임없는 통제, 감시자에 의한 압력, 작업을 방해하거나 산만하게 하는 모든 요소를 제거함으로써 시간의 최선의 소비를 도모하는 것 또한 규율 권력이 신체의 활동을 통제하는 기술이다. 예를 들어 한 시간에 몇 개 이상의 나사를 조일 것, 1분 안에 소총을 조립할 것, 하교 전까지 다섯 장의 깜지를 쓸 것 등등이 모두 여기에 해당한다.

이 영화가 심한 경우 따분하다고 느껴지게 되는 이유도, 반대로 영화에서 우리를 가장 분노하고 흥분하게 하는 장면도 바로 이 시간을 통한 활동의 통제와 관련된다. 영화의 어떤 부분이 따분하다고 생각되는 것은 각 시퀀스들이 영화 전체에 걸쳐 시간적으로, 공간적으로 동일한 주기를 두고 동일한 공간에서의 일과를 반복해서 보여주기 때문이다. '래치드 출근 → 침실 → 투약실 → 거실 → 토론치료 → 운동장 → 욕탕이나 수영장 → 투약실 → 다시 침실 → 래치드 퇴근……' 이러한 반복은 영화에 어떤 지루한 리듬을 부여하는데, 맥머피가 오기 전까지(그리고 그가 '양처럼 순해진' 뒤로도) 병원의 일과는 래치드의 출근과 함께 정확한 시간 단위로 분할되고 통제된다. 단지 맥머피가 병원에 순종적인 신체가 아닌 채로 존재했던 동안만, 일과표는 의문시되고 그 진행을 방해받는다.

반면에 이 영화의 가장 흥미롭고 역동적인 장면 역시 시간표와 관련된다. 말할 것도 없이 그 장면은 빌리의 자살 후에 맥머피가 래치드의 목을 조르는 장면이다. 심하게 말을 더듬는 빌리는 탈출 시도 전날 밤, 격렬하고 해방적인 파티 후에 맥머피가 불러들인 그의 애인 캔디와 동침한다(그 후로 잠시 그는 말을 더듬지 않는다. 맥머피가 더 훌륭한 의사다). 그러나 이 사실이 래치드에게 발각되고, 래치드가 그 사실을 어머니에게 알리겠다고 위협하자 스스로 목을 찔러 자살한다. 그러나 래치드는 당황하지 않는다. 맥머피가 래치드를 향해 돌진할 때까지 그녀가 뱉은 말, 그것은 다름 아닌 "이제 일과를 시작해야겠어요"이다. 빌리가 죽었는데, 그것도 래치드 자신이 죽인 것이나 마찬가지인데도, 그 순간에 그녀가 하는 유일한 말이 그것이다. 바로 이런 이유로 벌게진 얼굴과 거의 튀어나올 듯이 부풀어 오른 래치드의 눈알을 카메라가 클로즈업할 때, 관객은 제발 래치드가 죽기를, 그대로 맥머피의 살인이 성공하기를 바라게 될 만큼 분노하게 된다. 맥머피가 일과표에 대해 가지는 적개심의 크기가 그대로 관객들에게 전이된 것이다.

규율권력에 있어 일과의 준수, 시간표의 원활한 작동은 이처럼 몇몇 일탈적인 개인의 죽음보다도 훨씬 중요하다. 잘 조정되고 원활히 진행되는 시간표는 느닷없이 죽어버리는 빌리처럼 불손하고 비순종적인 신체들을 리드미컬하게 굴복시키는 가장 탁월한 훈육의 수단이다. 시간표를 내면화한 인간은 절대 급작스럽게 죽거나 죽이지 않는다. 대부분의 우리들이 자살하지 않는 이유는 일상의 일과표에 자살을 위한 시간이 배치되어 있지 않기 때문일지도 모를 일이다.

추장의 행방

맥머피의 사인은 이제 분명해졌다. 규율권력이, 특히 그가 자주 어기곤 했던 일과표가 그를 죽였다. 그의 죽음 후, 병원은 다시 일과표대로 잘만 돌아간다. 그리고 그 병동이 현대 사회의 축소판이라는 말이 맞다면, 우리도 그 안에서 일과표대로 참 잘 살아가고 있다. 감시받고, 기록되고, 처방받고, 비정상성을 스스로 의심하고, 법을 어기지 않고, 매 순간을 지극히 효율적으로 분절해서 사용하려고 기를 쓰면서, 참 잘도 살아가고 있다.

그러나 간혹 궁금해지는 것이 있다. 그것은, 추장의 이후 행방이다. 자유를 절개당하지 않았으니 그는 자유롭게 잘 살아가고 있을까? 아니면 규율 없는 사회는 없는 법이니, 그 역시 지금쯤은 '양처럼 순해진' 신체가 되어 어느 정신병동의 침실에 초점 없는 눈동자를 하고 누워 있는 건 아닐지……

김군의 행방

<김군>, 강상우, 2018

"엄마, 나도 위안부 될래"

맥머피의 죽음과 추장의 탈출은 1977년 미국에서의 일, 그러나 나는 이 글을 쓰는 도중 강상우 감독의 다큐 영화 <김군>을 본 관객이기도 하니 사실 그들의 행방보다 더 궁금해해야 할 것은 이를테면 '김군'의 행방 같은 것은 아닐까 싶다. 그러나 김군의 행방 얘기를 시작하기 전에, 독자들에게 먼저 읽히고 싶은 몇 줄의 문장이 있다. 자신이 정치적으로 좌우 어디에 속한다고 생각하든, (얼마간의 심호흡을 하고) 가급적 인간이라면 대부분 가지고 있을 것이라고 가정되는 '상식'에 준해, 이 문장들을 읽어봐 줬으면 싶다.

> 꽃밭을 만들고 정원을 가꾸어 아름답게 가꾸어야 할 이 땅에 보기 흉한 소녀상을 전봇대처럼 많이 세우는 것은 위안부의 권익을 위한 것도 아니고 위안부의 명예를 위한 것도 아니다. 오로지 위안부를 정치적 앵벌이로 하여 대한민국의 이미지를 위안부의 나라로 인식되게 하는 해국행위일 뿐이

이미지: 강상우 감독 제공

> 다. 겨울이면 이 위안부 소녀들은 목도리와 스카프와 고급 담요로 치장된다. 이를 바라보는 여식 아이들은 "엄마, 나도 위안부 될래" "엄마 우리 할머니도 훌륭한 위안부였지?" 참으로 기막힌 정서가 자라난다. 대한민국 땅을 밟는 외국인들은 웬 한국에 위안부가 천지로 깔렸느냐며, 나이든 한국의 할머니들을 일본군 위안부 정도로 바라볼 수 있을 것이다. (지만원, 『뚝섬 무지개』, 시스템, 2018, p. 509)

위안부 피해자들을 두고 "정치적 앵벌이"라느니 "목도리와 스카프와 고급 담요로 치장"한 소녀상이 우리 여식들에게 "엄마, 나도 위안부 될래" "엄마 우리 할머니도 훌륭한 위안부였지?"라는 반응을 불러일으킬 것이라느니 하는 저 끔찍한 말들의 주인, 그는 도대체 누구일까? 영화는 저 문장들의 주인이, 5·18 당시 찍힌 사진들에 대한 이른바 '기하학적 분석'(그는 마치 분석의 과학성을 보증이라도 한다는 듯 기하학을 강조하지만, 정작 분석 내용은 얼굴 윤곽, 눈매, 골격, 면장갑 따위다)을 통해 '광수들'을 지명하는 장면과 함께 시작한다. 물론 그는 지만원이고, 그 영화는 <김군>이다.

"역행하는 거지"

영화와 별 상관없는 저 문장들을 먼저 인용한 데는 물론 의도가 있다. 인민군 원수 리을설이 지휘한 600명의 특수군이 광주 시민을 죽이고 군용차량 공장을 부화뇌동하는 광주 양아치들을 몰고 다니면서 전형적인 게릴라 전투를 벌였다, 그러므로 민주화 시위는 없었다고 서슴없이 말하고 다니는 이의 평소 사고 체계가 어떤 모양새인지 독자들에게 알려주고픈 마음도 없지는 않았다. 그러나 그보다는 이 영화가 애초부터 안고 가야 했던 어떤 위험 요소에 대해 말하고 싶었던 이유가 더 크다.

가령 이런 질문들이 떠오른다. 이런 이의 언행에 일일이 대응하는 것이 필요할까? 아니 가능하기나 할까? (광적일 경우) 이데올로기란 원래 '틀리는 법을 모르는 불사의 신념 체계'인바, 제1광수가 북한 특수군이 아니라 광주 시민이었음을 밝힌다 한들 지만원(들)이 수긍할 리 없고, 만에 하나 밝히지 못할 경우, 좋은 빌미 하나만 더해 주는 꼴이 될 텐데 말이다. 가령 영화 속에서 김군으로 제보되었던 전 시민군이 인터뷰 와중에 다소 격한 어조로 항의하는 점이 그와 같다.

(시민군 오기철 씨)

기억 안 하고 싶은 걸 기억해버리면 잠을 못 자.
또 마찬가지야.
자네한테 이런 얘기 하고 나면 난 또 오늘 저녁에 잠 못 자.
잠재웠던 걸 다시 깨우는 거나 똑같은 거여.
이 사진 속의 사람을 찾는 것도 중요하지만, 역행하는 거지.
난 그걸 내버려 둔다는 게 이해가 안 돼.
우리 스스로가 이놈을 찾아다니면서 이놈 스스로를 증명한다는 것도 이해가 안 돼.

똑같은 거 아닌가 그럼?
그래 이놈이 막 가짜라고 하니까
'아니야, 이 새끼야 나는 진짜야 이 새끼야, 내가 사람 찾아
갖고 와서 증거로 들이댈게.'
바꿔서 얘기하면 지금 그 얘기 아닌가?

다시 덧난 상처 속에서 말하므로 어눌하기 그지없지만, 저항의의 참 요지는 이럴 것이다. 이미 공식적으로 민주화운동으로 명명되었고, 심지어 대통령이 헌법에 5·18정신을 기입할 것임을 공표하기조차 한 마당에, 저런 비상식적인 인사들의 도발에 일일이 응대한다는 것 자체가 당사자들로서는 상처이고 모욕이 될 수 있다는 것.

"나도 그러고 싶다"

그러나 강상우 감독의 제1광수 찾기는 시작되었고 영화는 진행된다. 감독은 제1광수가 찍힌 몇 장의 사진을 들고 그의 행적을 추적해나간다. 그러나 아니나 다를까, 광수 1호를 찾으려는 감독의 노력은 점점 미궁에 빠지기 시작한다.

첫째 이유는 물론 세월 때문이다. 영화 속 인터뷰들이 진행되던 때는 이미 1980년으로부터 35년도 넘은 시점, 시민군들은 늙었고 그때의 기억은 많이들 마모되어 있다. 게다가 당시 그들은 서로를 이름으로 불러본 적조차 없다. 이유는 그럴 필요도 없었고(상황이 다급했으므로), 그래서도 안 되

었기(서로에게 위험했으므로) 때문이다. 그랬으니 매서운 눈매에 강단진 턱을 가졌고, 방석모와 마스크로 무장한 트럭 위의 한 사내를 알 리 없고, 설사 알았더라도 그를 누구라고 지명하기는 불가능하다.

그러나 그것이 오로지 세월과 익명 때문이기만 했을까? 가령 이런 말들을 듣다 보면 어쩌면 그들은 그때의 기억으로부터 스스로를 방어하고 있는 건지도 모른다는 생각이 든다.

(당시 김○○ 씨의 죽음을 목격한 시민군 최진수 씨)

그 눈, 관자놀이에 총을 대고…… 바로 쏘고 쓰러졌을 때…… 그때 그 눈을 봤던 것 같습니다. 23일 날 전날 강인했던 눈…… 그래서 아 그 친구가 이렇게 쓰러지는구나…… 그 친구 대신에 그러니까 제가 산 거죠…… 제가 먼저 나갔으니까 툇마루에서 먼저 발을 내디뎠으면 제가 먼저 죽었을 텐데…… 그 생각만 저는 수십 년 동안 하고 삽니다(말하는 내내 입술이 떨린다).

(당시 시민군 양동남 씨)

우리가 살아남았다는 것 그걸로서, 우리가 살아남은 자의 죄책감 때문에, 우리가 87년도까지 망월동 묘역 한 번을 못 갔어요…… 미안하고 죄스럽고 그래서…… 5·18 때문에 인생이 송두리째 바뀐 사람들이 광주에 많이 있어. ……지금도 약을 안 먹으면 잠을 못 자는 사람들도 있고…… 나는 지금도 이발소 가면 머리를 내가 감아요…… 주인이 한번 물

이미지: 강상우 감독 제공

어보더라고 왜 그러냐고…… 아이, 그냥 내가 감는 게 편하고 그러니까 내가 감아요, 그러고 마는데…… 엎드려서 물만 이렇게 대도 무서우니까…… 눈 뜨고 엎드려서 내가 머리 감고 있어…… 아직도 기억은 생생하게 그대로 살아 있으니까.

(인터뷰 중 걸려온 전화 속 친구, 시민군 김태찬 씨)

우리가 아파하는 만큼 그들은 안 아파해. 그런 얘기는 그만하자 오월 얘기는 그만하자.

(당시 시민군 박인수 씨)

나도 그러고 싶다……(깊은 한숨)

기억은 고통으로부터 주체를 방어하려는 경향이 있다. 기억도 쾌락 원칙의 지배를 받는바, 이때의 쾌락 원칙이 꼭 즐거운 기억의 보존만을 말하는 것은 아니다. 고통스런 기억을 부분적으로 삭제하거나 왜곡시킴으로써 주체로 하여금 불쾌를 피하도록 하는 것, 그것도 기억이 행하는 방어기제다. 그러니까 일종의 외상후 부분적 기억상실증 같은 것들……

영화에 등장하는 인터뷰이들이 사태를 정확히 기억해내지 못하는 이유는 아마도 그 기억이 너무 고통스러웠기 때문일 것이다. 그리고 그들이 자주 말을 더듬거나, 말 사이에 잦은 휴지와 단락이 생기거나, 한숨으로 다음 말을 대신한다거나 할 때가 많다는 사실도 마찬가지다. 지만원은 그들의 그런 말하기 방식을 두고 '횡설수설'이라고 표현하지만, 아마 타인의 고통에 대한 얼마간의 감수성이라도 가진 관객들이라면 바로 그 '말할 수 없는 고통 앞에서의 어눌함'이 이 영화를 오래 잊지 못하게 한다는 점에 동의할 것이다.

기억에 관한 한 이제 고전이 된 책 『기억, 서사』에서 오카 마리는 이런 말을 한 적이 있다. "'사건'의 폭력을 현재형으로 하여 살아가고 있는 사람들은 그러한 이유로 그 사건에 대해 이야기하는 말을 지닐 수 없는 것은 아닐까"(오카 마리, 『기억 서사』, 김병구 옮김, 소명출판, 2004, p. 148). 만약 이 영화를 최소한의 인간애를 가지고 본 관객이라면 오카 마리의 이 말에 동의하지 않을 수 없을 줄 안다. 그들의 말보다는 차라리 그들의 침묵과 한숨과 떨리는 입술과 떨어뜨리는 시선 속에서 우리는 더 많은 말을 듣는다.

김군, 부재하는 현전

그런 이유로, 김군을 찾으려던 강상우 감독의 시도는 결국 실패로 끝났음에도 불구하고 영화가 실패하지는 않는다(지만원은 이 영화가 5·18에 대한 북한군 개입 사실을 계몽하는 데 크게 기여했다고 비아냥거린다). 감독의 노력은, 상반되거나 미비하거나 모호한 증언들 속에서 다시 원점으로 돌아간다. 이강갑이 제1광수인가? 그러나 그는 캘리버 기관총을 잡은 적도 없고, 오로지 한 장의 사진에서만 자신

이미지: 강상우 감독 제공

을 확인한다. 넝마주이 김군이 제1광수인가? 그러나 그는 5·18 이후 원지교 밑 천막에서 사라졌고, 다른 넝마주이들처럼 이제는 영영 행적을 알 수 없다. 최진수 씨가 죽음을 목격한 그 김모 씨가 제1광수인가? 그러나 그의 시신은 공수단에 의해 파헤쳐졌고 어디에 묻혀 있는지 알 수 없다. 우리 앞에 제1광수의 정체는 아직 드러나지 않았다.

그러나 김군의 행방을 수소문하며 감독이 만난 많은 인터뷰이들로부터 우리는 많은 것들을 이미 들었다. 정확히는 그들이 말하고자 했으나 말하지 못한 것들, 말의 '잉여'로서의 표정과 침묵과 경련, 그것들로부터 더 많은 5·18을 들어버렸다. 우리가 들은 그 말의 요지는 이렇다. 5·18은 아직 진행 중이다. 김군을 찾기 전까지 5·18은 끝난 것이 아니고, 양심 있는 자들은 그를 찾기 위해 더 많은 이야기들을 들어야 하리라. 광주를 기억한다는 일의 지난함에 대해, 그날의 기억이 아직도 광주 시민들에게(그리고 우리들에게도, 심지어는 지만원들에게도) 안겨주고 있는 고통에 대해……

영화 마지막 장면, 감독이 관객에게 요청하는 것도 그것인 듯하다. 불 꺼진 새벽, 구 전남도청 건물의 모습이 롱테이크로 오래 시야에 들어온다. 그러고는 이내 누군가에 의해 하얀 철문이 열린다. 마치 우리더러 그 안으로 들어오라는 초대라도 되는 것처럼…… 이제 이 안으로 들어와 그날들에 살아 있었던 김군의 모습을 당신이 찾아보라고 권하기라도 하는 것처럼……

아, 그 전 장면도 있다. 김군일 수도 있고 김군의 마지막을 본 목격자들일 수도 있는 세 사람이 모인다. 최진수, 최영철, 이강갑, 그들의 해후는 38년 만이다. 그러나 간단한 눈짓으로도 서로를 알아본다. 얼마 동안의 인사 후, 그들은 말없이 스크린을 응시한다. 강상우 감독은 이 장면으로 무슨 말을 하고 싶었던 걸까?

잘 모르겠다. 그러나 찾지 못했으나 분명히 존재했던 김군이 그들을 다시 만나게 했다는 사실은 기억해야 한다. 부재하는 현전, 실체 없는 효과로서의 김군, 그는 아직 어디 있는지 알 수 없지만, 오히려 존재하지 않음으로써 그 많은 증언들을 듣게 하고 38년 만에 세 동지를 만나게 했다는 사실을 부인할 수는 없을 듯하다.

죽은 나를 묻으러

<사울의 아들>, 라즐로 네메스, 2015

사건과 재현의 딜레마

지난 글에 인용한 오카 마리의 문장으로부터 다시 이야기를 시작해보자. "'사건'의 폭력을 현재형으로 하여 살아가고 있는 사람들은 그러한 이유로 그 사건에 대해 이야기하는 말을 지닐 수 없는 것은 아닐까"(『기억 서사』, p. 148).

"말을 지닐 수 없다"고 했으니 이 문장을 (상식적인 세계의 질서와 언어를 초과하는) '사건의 재현 불가능성'에 대한 언급으로 읽어도 무방하겠다. <김군>에 등장하는 여러 인터뷰이들이 공히 보여주었던 행간의 침묵, 일그러지는 표정, 말을 대신한 한숨, 기억의 손실이나 왜곡 같은 것이 그 징후들이다(나는 특별히 아들의 시신을 찾지 못해 장례조차 제대로 치르지 못하고 늙어버린 한 어머니의 얼굴을 떠올리고 있다). 극단적으로 폭력적인 사건은 사실상 정확한 증언을 불가능하게 한다.

'아우슈비츠 이후에도 서정시를 쓴다는 것이 가능한가'라는 아도르노의 물음은 바로 그와 같은 질문을 마주한 예술의 곤경을 표현한다. '사건'(이 말은 바디우적인 의미에서 사용한다)은 세 가지 이유에서 예술적 재현이 불가능해 보인다. 첫째, 증언의 자격에 가장 부합하는 이들은 이미 죽은 자들이라는 점(무젤만들은 끝내 말할 수 없었고, 김군도 아마 죽었으리라), 둘째, 살아남은 자들의 기억 또한 (죄의식에 의해, 기억의 이차 가공에 의해, 세월에 의해) 부분적으로 상실되거나 왜곡되기 마련이라는 점, 셋째, '사건'의 특성 자체가 미학적 가공과 양립하기 힘들다는 점(세월호 참사 직후 소설과 시의 자리를 수기와 르포와 선언과 포스트잇 글쓰기가 대신 메웠다는 점은 따라서 이해가 간다) 때문이다.

그렇다면 일각의 주장대로 사건의 사건성을 유지하기 위해서라면 차라리 그 사건을 '재현 불가능성'의 자리에 두고, 범접할 수 없는 절대성의 아우라로 장벽을 쳐두는 것이 옳은 일일까? 그러나 오카 마리는 앞서의 저 문장 바로 뒤에 이어서 이렇게 쓴다. "그러나 그렇다 하더라도 지금—아니 바로 그러하기 때문에—말할 수 없는 '사건'은 말해지지 않으면 안 된다. '사건'의 기억을 타자와 공유하기 위해서. 그리고 그것을 위해서 '사건'의 기억은 타자에 의해서 말하여지지 않으면 안 된다. 스스로 말할 수 없는 그 사람들을 대신해서 말이다"(『기억, 서사』, p. 148).

유사하게 『모든 것을 무릅쓴 이미지들』의 저자 조르주 디디-위베르만(그는 영화 <사울의 아들>에 대한 가장 정교한 비평 『어둠에서 벗어나기』의 저자이기도 하다)도 이런 말로 책을 시작한다. "알기 위해서는 스스로 상상해야 한다. 우리는 1944년 여름의 아우슈비츠라는 지옥이 무엇이었는지 상상하려고 시도해야 한다. 상상할 수 없는 것을 구실로 내세우지 말자. 모든 방법을 통해서도—사실이 그러하니까—그것을 상상하는 것을 우리는 할 수 없다고, 우리는 끝까지 할 수 없을 것이라고 말함으로써 우리 자신을 보호하지 말자"(조르주 디디-위베르만, 『모든 것을 무릅쓴 이미지들』, 오윤성 옮김, 레베카, 2017, p. 13).

아마도 어떤 사건을 '재현 불가능성'의 영역에 두는 것은 그 사건의 말할 수 없음, 숭고함을 지키는 방식들 중 하나일 것이다. 그런 한편으로 그 사건을 재현하려 하지 않는 것은 그 사건을 절대화함으로써 오히려 우리 자신의 죄의식으로부터 도피하는 일종의 방어기제가 될 수도 있다. 그럴 때 어떤 방식의 재현이 가능할까? 재현의 영역 너머에 있는 사건의 숭고함과 절대성을 훼손하지 않으면서, 그것을 하나의 작품으로 현전화하는 일, 이것은 참 오래된 미학적 딜레마다.

재현되면서 재현되지 않는, 혹은 재현되지 않음으로써 재현되는

(주관적으로 말해) 아우슈비츠와 관련된 최악의 영화적 재현은 <쉰들러 리스트>(스티븐 스필버그, 1993)와 <인생은

아름다워>(로베르토 베니니, 1997)였을 것이다. 전자는 아우슈비츠를 스펙터클로 만들어버렸고(참혹함에 치를 떨 때조차 우리는 그 참혹함을 상품으로 소비하곤 한다), 후자는 도저히 웃을 수 없는 일을 코미디(제아무리 따뜻한 휴머니즘으로 포장되었다 할지라도)로 만들어버렸다. 그리고 그 반대편에 아우슈비츠에 대한 근래 '최선의' 영화적 재현, 바로 <사울의 아들>이 있다.

'온전한'이나 '완벽한' 재현이 아니라 '최선의' 재현이라고 말하는 것은(디디-위베르만이라면 아마도 '결합적 재현'이라 불렀으리라) 일단 '사건'의 재현이 (완고한 리얼리스트들이 주장하는 것처럼) 어떤 경우에도 총체적이거나 완벽할 수는 없고(사건은 항상 총체화를 초과한다), 최선을 다해 신중하거나 윤리적일 수만 있기 때문이다. <사울의 아들>은 우리가 아는 한 아우슈비츠를 최대한 신중하게, 그리고 가장 엄밀한 윤리적 고려 속에서 (결합적으로) 재현한 작품이다.

관객들도 이미 보아서 알고 있을 법한 영화적 장치들 몇…… 롱테이크, 핸드헬드, '1.33:1'의 화면 비율, 그리고 후경의 아웃포커스. (직접 세어보지는 않았지만) 이 영화는 단지 85개의 숏으로만 이루어져 있다고 한다. 거의 모든 장면을 핸드헬드로 촬영하면서 카메라가 가급적 사울의 동선과 시선 인근을 벗어나거나 놓치지 않으려고 하기 때문이다. 그래서 숏은 길어지고, 그 대신 학살의 참혹함을 '전체적으로' 재현하기 위해 하이앵글 익스트림 롱숏을 자주 사용했던 스필버그식의 오만함이 사라진다(소설에서도 대체로 전지적 작가 시점은 사건에 대해 오만해진다).

관객들은 죽은 아들을 매장하기 위해 랍비를 찾아 미친 사람처럼 오락가락하는 사울의 눈과 귀를 통해서만 수용소를 보고 듣게 된다. 얼핏얼핏 무더기 시신들이 보이고 참혹한 학살 장면도 보이고 비명과 고함과 총소리가 감각을 혼란하게 만들지만, 그것들은 전체를 조망하는 능력을 상실해버린(어떤 측면에서 그는 광인 같다) 존더코만도 일원의 좁혀진 시야(아웃포커스)를 매개로 해서만 그렇다. 그렇다고 그 참상의 강도가 관객에게 효과적으로 전달되지 않는 것은 아니다. 스펙터클이 사라지자 되레 수용소의 참혹함은 그 정도를 더한다. 극단의 공포 앞에서, (경험적으로 알듯이) 우리는 쉰들러처럼 '조망'하지 못하고, 사울처럼 '공황'에 빠지지 않던가.

이 공황 상태를 포착하기에 적합한 화면은 물론 좁아야 한다. 감독은 그래서 (인물이 어딘가 답답한 곳에 포획되어 있는 듯한 느낌을 주려는 의도가 분명한) '1.33:1'의 프레임을 택한다. 사울은 대체로 좁은 화면 속에 갇힌 채 클로즈업으로 카메라에 포착되고, 그의 후경이나 배경은 아웃포커스 처리된다. 따라서 그가 주위 상황을 제대로 파악할 수 없는 상태로 아들의 장례를 치러줄 랍비를 찾아 허겁지겁 돌아다니는 것만큼이나 혼란스럽게, 관객들은 사태의 진상을 볼 수 있(없)을 뿐이다. 말 그대로 아비규환이다.

슬픔조차 금지된 곳
1944, 아우슈비츠
오늘, 아들의 주검이 도착했다
GRAND PRIX
사울의 아들
2016.2.25

그런 식으로 이 영화에서 수용소는 재현되면서 동시에 재현되지 않는다. 아니 차라리 이렇게 말해야 옳겠다. 재현 불가능한 것이 재현 불가능한 상태로 재현된다. 오카 마리가 사건의 재현 불가능성을 두고 제안했던, '사건의 재현 불가능성 자체의 재현'이 이렇게 이루어진다. 오카 마리는 말한다. "말할 수 없는 '사건'에 대해 말하는 것, 그것은 무엇보다도 '사건'의 말할 수 없음 자체를 증언하는 것이 되어야만 하지 않을까"(『기억, 서사』, p. 149). <사울의 아들>이라는 한 편의 영화로 아우슈비츠를 '완전히' 재현할 수는 없다. 그러나 이 작품은 그 재현할 수 없음을 영화적으로 재현한 예외적 사례임에 틀림없어 보인다.

이미 죽은, 나를 묻으러

소설로 치자면 일인칭 관찰자 시점이라고 해야 할까?(가령 작가 김숨이 발표한 일련의 위안부 피해자 증언 소설들로 미루어 볼 때 이 시점이 증언의 기록에는 가장 적합해 보인다) 라즐로 네메스 감독이 얼마나 신중하게 아우슈비츠의 윤리적 재현에 대해 고민했는지는 충분히 인정할 만하다. 그러나 의문이 몇 남는다. 첫번째 의문, 도대체 사울은 왜 그토록 아들의 매장에 집착했을까? 두번째 의문, 그가 아들이라고 말하는 그 죽은 소년은 정말 그의 아들인가? 세번째 의문, 사울은 어떤 계기로 갑작스레 윤리적 주체로 회심하게 되었는가?

죽은 소년의 시신을 숙소로 들여온 사울이 밥을 먹는 장면이 있다. 그때 다른 동료들이 가스실에서 죽어간 한 여자에 대해 몸매, 눈빛 운운하며 음담을 나눈다. 그러자 사울은 다른 동료에게 저런 말이 하고 싶은지 모르겠다고 말하며 그들을 비난한다. 그런데 동료(봉기의 주동자인 그는 믿을 만한 사람이다)의 이어지는 대답이 의미심장하다. 그의 기억에 따르면 사울도 얼마 전까지 그랬단다. 그러니까 이제 곧 죽을 여성 동포를 두고 음담을 나눴던 자가 사울이다. 사울은 물론 부인한다. 기억나지 않는다고. 그러나 그 표정의 단호함이 역설적으로 그의 부인을 믿지 못하게 만든다.

저 대사들을 통해 우리는 사울이 소년의 죽음을 목격한 후, 이전의 자신(가스실에 들어가게 될 여성을 두고 서슴없이 음담을 나누기도 했던)과 결별했음을 짐작하게 된다. 소년은 두 번 죽는다, 가스실에서 한 번, 부활한 후 의사의 손에 의해 두 번…… 소년의 부활과 죽음의 목격이 사울에게는 이른바 '회심'의 순간이자, (성경 속 가장 윤리적인 주체였던) 바울이 되는 순간이기도 했던 셈이다. 그가 (이미 죽어버린 '토막'들이 아니라) 살아 있는 인간의 죽음을 그때 처음 목격했고, 그것이 회심의 이유 중 하나였으리란 추측도 가능하다. 왜냐하면 그는 내내 이미 죽은 후의 시체들만 처리해왔으니까.

그렇다면 동료들이 답답하다는 듯 그에게 상기시켜주곤 했던 말, "너에겐 아들이 없어"의 참의미도 서서히 드러난다. 실제로 그에겐 아들이 없었으리라. 다만 소년의 죽음을 목도한 후, 그가 '처리한' 모든 죽음에 애도를 표하기로 작정했던 것이리라. 그런데 애도는 항상 적절한 장례를 필요로 하기 마련이다(프리아모스에 의한 헥토르의 장례, 안티고네에 의한 오빠의 장례). 그리고 유대인들의 관습에 따르자면 적절한 장례란 죽은 당일에 가족이 지켜보는 가운데 랍비의 주도로 치르되, 화장하지 않은 채로 시신을 매장해야만 완료된다. 부활한 소년의 (재)죽음을 지켜보면서, 사울은 바로 그 적절한 애도를 수행하기로 작정한 바울이 되었다.

물론 그 애도는 단지 한 소년의 죽음에 대한 것만은 아니었으리라. 왜냐하면 사울은 자신의 행동을 이해하지 못하고 '너 때문에 우린 다 죽게 생겼다'고 항변하는 동료들에게 '우린 예전에 죽은 거나 진배없다'고, 그러니 '내 아들을 묻어줘야' 한다고 말한 적이 있기 때문이다.

"우린 예전에 죽었어"라는 말 속에 사울의 미치광이 같은 저 모든 행위의 이유가 담겨 있는 것은 아닐까? 고작 몇 개월의 삶을 연장하기 위해(물론 그 삶이 무의미한 것은 아니었지만) 무참하게 학살당한 동족의 시신들을 수거하고 태우고 빻고 뿌리게 된 순간 우리도 이미 죽었다는 자의식, 이런 삶은 죽음과 구별되지 않는다는 수치심, 그것이 그로 하여금 그토록 한 시신의 애도에 집착하게 했던 것은 아닐까?

그런 의미에서, 그가 소년의 시신을 묻으려던 장소가 바로 존더코만도들이 증거가 될 만한 문서를 묻어둔 장소였다는 사실은 의미심장하다. 그로 인해 많은 시간이 흘러 사람들이 발견하게 될 것은 문서들만이 아닐 것이다. 거기에서 죽음이, 반드시 애도되어야 할 죽음이 함께 발견되어야 한다. 영화 말미 애도에 실패한 채 오두막에서 죽음을 맞기 직전, 그의 웃음의 의미도 이해할 수 있을 것 같다. 그가 줄곧 어깨에 들쳐 메고 다녔던 것은 아마도 바로 자기 자신의 주검이었으리라.

재판은 치료가 아닙니다

<나는 부정한다>, 믹 잭슨, 2016

나는 '아우슈비츠'를 부정한다

당연히 똥이 무서운 건 아니다. 괜히 마주쳐봐야 옷만 더럽힐 게 뻔해서, 그저 피하는 것일 뿐…… 반유대주의 역사가 데이비드 어빙이 명예훼손 혐의로 자신을 고소하기 전, 데버라 립스탯 교수의 태도가 그랬다. 엘비스 프레슬리가 살아 있다고 말하는 이들과 논쟁하지 않는 것과 마찬가지로, 그녀는 어빙의 비열한 도발에도 불구하고 아우슈비츠 부정론자들과 논쟁하지 않겠다고 단호하게 말한다. 주변 사람들의 입장도 비슷하다. 이제 그녀가 어빙과 싸우겠다는 결심을 밝히자, 한 동료는 반문한다. 왜 그런 사람을 상대하느냐고, 이런 일 중 90퍼센트는 심지어 소송도 하지 않는다고. 언젠가 나도 그런 말을 들은 적이 있다. 지만원의 자전소설을 분석해서 글을 한 편 써보겠다고 했을 때, 다들 그랬다. '뭐하러요?'

아마도 치우기보다 피하는 것이, 똥 앞에서 자신의 청결을 유지하기 위해서라면 손쉽고도 훌륭한 방도임에는 틀림이 없다. 그러나 그렇게 다들 피하기만 하면 똥은 치워지지 않는다. 혹은 그 구성 성분이 분석되어 정체가 (즉 그것이 고작해야 냄새 고약한 진짜 똥에 불과하다는 사실이) 밝혀지지도 않는다. 대체로 학자들에게서 저와 같은 태도를 발견할 때가 많은데, 이성적이지 않은 논쟁에 휘말려 들지 않고 학문적 자율성을 유지하려 노력하는 것은 물론 고결한 태도다. 그러나 누군가는 나서서 그것이 똥이라고, 치워야 한다고 말해야 하지 않을까? 이성의 언어로 말이다.

그런 의미에서 아우슈비츠 부정론자 데이비드 어빙에 맞서, 이전투구가 될지도 모르는 소송을 진행하기로 작정한 데버라 립스탯 교수의 결심은 훌륭해 보인다. 하긴, 아우슈비츠가 뭐가 흥미로운지 모르겠다고, 가스실에서 죽은 사람들보다 케네디의 차 뒷좌석에서 죽은 여자 숫자가 더 많았을 거라고 떠들고 다니는 이 흉한 입을 누군가 틀어막긴 막아야 했으리라. 그 일을 자청한 데버라는 참 용기 있는 유대인 여성 역사학자다.

나는 '아우슈비츠 부정론'을 부정한다

그런데 저런 장한 결심을 할 때, 데버라가 몰랐던 사실이 하나 있다. 영리하게도 어빙이 그녀를 영국 법원에 고소했다는 사실, 그리고 영국의 법에 따르면 (기이하지만) 명예훼손은 원고가 아닌 피고가 본인의 무죄 사실을 입증해야 한다는 사실…… 그러니 싸우기로 작정한 데버라는 이제 영국 법원에서 자신의 책에 어빙에 대해 쓴 구절들이 명예훼손이 아니라 사실임을 밝혀야 한다. 그 구절들에서 그녀는 어빙을 두고 증거를 왜곡시킨 히틀러 당원이라고 주장했다. 그런데 어빙이 증거를 왜곡해 아우슈비츠는 존재하지 않았다고 말하고 있으므로, 데버라가 결국 증명해야 하는 것은 아우슈비츠의 존재 자체다.

그게 어려운 일이겠냐고? 누구나가 다 아우슈비츠의 존재에 대해 알고 있지 않느냐고? 그러나 그게 말처럼 쉽지가 않다. 믿지 못하겠지만 '김군'이 '광수'가 아니라는 사실을 입증하는 것보다 더 어려운 것이 아우슈비츠에서 계획적이고 체계적인 유대인 학살이 일어났다는 사실을 증명하는 일이다. 그런 의미에서 데버라의 처지는 좀 아이러니한 데가 있다. 그녀는 영화 초입 강의 장면에서 자신의 입으로 학생들에게 명확한 증거라고는 사진 한 장 남겨놓지 않은 아우슈비츠의 실존 여부를 어떻게 증명할 수 있겠느냐고 물은 적이 있기 때문이다.

'누구나 알고 있는 사실'을 실물로서 다시 증명해야 한다는 이 아이러니, 감독은 마치 이 아이러니를 극대화시키려고 작정이라도 한 듯이, 영화 한복판에 실존하는 아우슈비츠 수용소 풍경을 공들여 길게 배치해놓는다. 이른 새벽 안개에 잠긴 수용소, 철망과 유품들과 무너진 가스실과 시신을 태우던 굴뚝들, 여기 이렇게 버젓이 아우슈비츠가 '있다.'

레이첼 와이즈
톰 윌킨슨
티모시 스폴
앤드류 스캇
전세계를 뒤흔든 세기의 재판 실화
"눈을 뗄 수 없는"
"역대 가장 강력한 법정 드라마"
거짓이 승리하는 것을
진실이 침묵하는 것을
나는 부정한다
DENIAL
04.26

이미지: 티캐스트 제공

그러나 그것을 증명해야 한다. 그 어떤 실물 증거도 남겨놓지 않은 그것의 존재를 말이다.

게다가 이 (법적이자 역사적인) 싸움에서 질 경우의 파장도 예상해야 한다. 여덟 명의 전문가 증인들과 함께 재판 준비를 시작하면서, 데버라가 가장 두려워하던 것이 바로 그것이었다(김군을 찾아보기로 작정할 때, <김군>의 감독도 그랬으리라). 재판은 판례를 남기기 마련이고 만약 이 재판에서 진다면 아우슈비츠는 부정된다. 그렇다면 이 재판에 영국 최고의 역사 전문가들과 변호사들이 합류하게 되고, 스티븐 스필버그(<쉰들러 리스트>를 만든)를 포함해 4천여 명의 재정적 후원자들이 생겨나게 된 사정도 이해가 된다. 이 재판은 이제 아우슈비츠의 존재 여부를 둘러싼 희대의 재판이 되었다.

나는 '나'를 부정한다

그러나 (엉뚱한 질문이지만) 유대인 역사학자 데버라 립스탯은 이 재판의 전경에 나서 아우슈비츠의 존재를 밝히기에 적합한 인물일까? 그저 이 세기의 재판에서 이기기 위한 법정 전술의 유효성에 대해 묻는 것이 아니다. 영화를 보다 보면, 관객들은 이상하게도 데버라가 아우슈비츠의 생존자들을 증인으로 채택하려고 할 때('그들에게 고통을 토로할 기회를 주어야 합니다'), 혹은 스스로의 양심에 따라 그녀가 발언하려고 할 때, 되레 묘한 불안감과 반발심을 느끼게 된다. 반대로 변호사 리처드 램프턴이나 앤서니 줄리어스가 데버라에게 재판은 치료 같은 게 아니라고, 희생자들에게 감정적인 만족을 주는 것도 아니라고 말할 때 안도감을 느끼기도 한다.

사실 나로서는 이 지점이 이 영화의 가장 돋보이는 부분이라고 생각하는데, 이 장면은 이른바 '당사자주의'가 어떤 경우 역사적 폭력에 대한 기억의 일반화에 걸림돌이 될 수도 있음을 경고하는 것으로 보이기 때문이다. 재판이 시작되고 얼마 지나지 않아, 감독은 의미심장하게도 데버라에게 잠재해 있는 어떤 민족의식, 그리고 영웅주의를 은근슬쩍 암시한다. 어떤 장면에서 그녀는 스스로를 어머니의 암시에 따라 민족의 수호자, 투사와 동일시한다. 그러고는 자신이 바로 그 암시대로 이제 사람들에 의해 선택받았다고 말한다.

'홀로코스트'라는 명명(나는 일부러 이 말을 쓰지 않고 있다) 자체에 유대교적인 선민의식의 뉘앙스가 섞여 있거니와(이 말의 라틴어 어원은 *holocaustum*, '완전히 타버린 제물,' 곧 '희생제물'을 의미한다. 그러나 아우슈비츠에서 죽은 자들이 그런 식의 종교적 제의에 바쳐진 희생물일 수는 없다. 그들의 죽음은 완전히 이유 없는 것이었다. 그래서 『아우슈비츠의 남은 자들』의 저자 조르조 아감벤은 이 말을 사용하지 말 것을 제안한다), 데버라는 스스로를 유대 민족의 운명에 중대한 변화를 가져올 선지자로서 상상하는 듯싶다. 의식했건 의식하지 않았건 그녀는 이 재판을 유대인 당사자주의 입장에서 사고한다. 그러나 현명한 변호사 리처드 램프턴은 의견이 다르다. 그가 잘 흥분하고 영웅주의적인 그녀에게 충고하는 것은 '자기 부정self denial'이다. 그는 데버라에게 가만히 앉아서 입을 꾹 다물고 이기는 법, 즉 자기 부인을 통해 승리하는 방법에 대해 말한다.

물론 램프턴은 그 '자기 부정'이 얼마나 힘든 것인지에 대해서도 잘 알고 있다. 냉혈한처럼 재판을 준비하지만, 아우슈비츠에 누구보다 먼저 가서(데버라는 그가 약속에 늦었고, 무례하다고 오해하지만) 새벽의 수용소 풍경을 참담한 얼굴로 둘러본 것도 그다. 게다가 와인 한 병을 들고 데버라를 찾아가 그녀를 위로하고 설득할 때, 관객들은 그가 얼마나 데버라의 '양심'을 존중하는지도 이해하게 된다. 이성과 언어를 초과하는 이른바 '사건'으로서의 아우슈비츠 경험이 실은 법에 의해 판단될 수 없다는 사실도 그는 잘 아는 것처럼 보인다. 그러나 바로 그 '사건'의 처소가 아우슈비츠일 때, 아우슈비츠는 분명 '있었다'는 것이 먼저 증명되어야 한다. 그는 그렇게 믿는다.

당연히 아우슈비츠의 생존자에게 더 할('하고픈,' 그러나 '할 수 없는,' 그럼에도 '해야 할') 말이 많으리라. 또 유대인에게 더 할 말이 많으리라(실은 팔레스타인 사태 이후 우리도 유대인들에게 할 말이 많지만). 당사자들이니까…… 그러나 만약 아우슈비츠의 기억이 당위적으로나마 인류 전체의 기

이미지: 티캐스트 제공

억이 되어야 한다면, 그것을 자민족의 고난 서사로, 신의 나라를 예비하기 위한 운명적 희생의 역사로 자기화하려는 욕망에 맞서 스스로를 부정해야만 하리라…… 그런 의미에서 알랭 바디우가 유대교를 모든 민족의 종교로 보편화한 사도 바울을, '사건에 가장 충실했던 주체'로 꼽는 것은 의미심장하다. 현명한 램프턴과 줄리어스가 그토록 데버라를 침묵하게 만들었던 이유는 그렇게 이해된다. 아니나 다를까 재판의 승리는 바로 데버라의 '자기 부정' 덕분이었다(나는 언젠가 '이후 세대의 5·18 교육'에 관한 학술대회에서 이후 세대보다는 당사자들의 말을 들어야 하지 않겠느냐며 마이크를 놓지 않던 '당사자'를 본 적이 있다. 실은 다른 곳들에서도……).

나는 '판결'을 부정한다

데버라의 자기 부정 덕분에 재판은 승리로 끝난다. 어빙의 의도와는 다르게, 램프턴이 그를 도발하고, 재촉하고, 꾸짖으면서 점차 판결에 이르게 되는 재판 과정은 마치 아우슈비츠에 관한 일련의 길고도 효율적인 교육 과정처럼 여겨질 정도다. 결국 똥은 그저 똥이었다는 사실이 법적으로 판정된다. 그러나 마지막 '부정'이 남아 있다. 망상광들이 흔히 그렇듯 어빙은 패배의 인정을 모른다. 그는 재판 후 한 방송 인터뷰에서 변론은 자신이 더 잘했다고, 자신에게 유리한 내용들이 많았다고 말한다. 그는 그렇게 '아우슈비츠 부정론자'에서 '판결 부정론자'로 이행해간다.

그러나 그쯤 되면 그 이행이 '나치 이데올로그'에서 '광인'으로의 이행이기도 하다는 사실이 누구에게나 자명해진다. 단지 어빙 본인만이 그 사실을 모르고 있을 뿐…… 그런데 생각해보면 그 또한 당연한 일일지도 모르겠다. 광기엔 원래 병식病識이 없는 법이니까…… 영화 말미, 이제 논쟁이 역사학으로부터 저 기이한 주체(들)의 정신병리학으로 옮겨 가야 할 거라는 생각이 드는 것은 나만이 아닐 줄 안다.

그를 먹어라

<요리사, 도둑, 그의 아내 그리고 그녀의 정부>,
피터 그리너웨이, 1989

삼색의 제국

수많은 유럽 국민국가들nations의 국기에 새겨진 파란색, 흰색, 빨간색, 이 세 가지 색깔이 어디서 유래했고 무엇을 상징했는지에 대해서는 이견이 있을 수 있다. 그러나 최소한 1789년 프랑스 혁명 당시 바스티유가 습격당한 다음 날(7월 15일), 국민군 총사령관 라파예트가 시민들에게 저 세 가지 색으로 된 모자를 나누어 준 이후로, 삼색이 상징하는 바는 굳어졌다. 자유(파란색), 평등(흰색), 우애(빨간색, '박애'라고 쓰지 않은 것은 그들의 박애가 고작해야 부르주아들의 우애로 귀결되었기 때문이다).

프랑스 혁명 이후로 유럽은 이 세 가지 정신 위에 세워졌다. 그러니 피터 그리너웨이 감독의 난해한(그러나 그의 다른 작품들에 비하면 평이하다고 해야 할) 영화 <요리사, 도둑, 그의 아내 그리고 그녀의 정부>는 유럽에 관한 영화다. 정확히 말해, 삼색에 녹색이 더해진 네 가지 색채로 대처리즘(영국식 신자유주의)이 기승을 부리던 1989년 즈음의 유럽을 (말할 수 없는 증오를 담아) 다루고 있는 영화다.

식당 Hollandise

영화의 '무대'는 '홀란다이스'라는 이름의 특급 식당. 아마도 칼뱅주의의 영향을 받아 유럽에서도 아주 이른 시기에 진보적 시민 계급이 정치적 주도권을 쥐었던 나라(이른바 17세기 '네덜란드의 황금시대') '홀란트'와, '파라다이스'의 합성어로 보이는 저 이름의 식당은, 정말로 '연극 무대'처럼 세팅되어 있다. 영화가 시작되면 마치 연극이 시작할 때 그러하듯 두 명의 배우가 커다란 막을 양쪽으로 젖혀 시야를 터 준다(그리너웨이는 <메이콘의 아이>에서도 연극 장르를 오마주한 적이 있다). 일종의 소격효과인데, 관객들은 이제부터 이 영화를 현실주의의 환영 속에서 볼 수 없다. 막 속에서 일어나는 일은 '연극'처럼 감상되어야 하고, 따라서 관객들은 거리감을 둔 채 그것을 해석의 대상으로 삼아야 한다. 이를테면 벤야민이 말한 '산만한 관객'처럼……

그럴 수밖에 없는 것이, 화가이기도 했던 이 감독의 미장센은 너무도 완벽해서 관객은 그 무대를 현실과 동일시하는 일을 애초부터 포기해야 한다. 의상도 조명도 가구도 벽에 걸린 그림도 배우들의 동선과 동작도 철저하게 배치(안무)되어 있는 화면들의 유려한 연속, 카메라는 주로 느리게 수

"THE BEST FILM OF THE YEAR!
MORE PERVERSE THAN PYTHON. MORE DAZZLING THAN DEMILLE. MORE GRAPHICALLY DARING
THAN ANYTHING YOU'RE LIKELY TO SEE ON THE SCREEN."
LUST. MURDER. DESSERT.
A delicious black comedy
ala Peter Greenaway.
BON APPETIT!
THE COOK, THE THIEF, HIS WIFE & HER LOVER
MIRAMAX
DUE TO THE EXPLICIT NATURE OF THIS FILM NO ONE UNDER 18 WILL BE ADMITTED.

평 이동하는 팬숏으로 그 무대를 비추는데, 그럴 때 매 장면은 마치 조각조각 뜯어 보아야 할 회화(특히 그리너웨이가 좋아했던 렘브란트 시절의 네덜란드 회화) 작품에 육박한다.

썩은 자유

자, 그렇다면 해석해야 할 기호들이 가득한 이 식당은 이름 그대로 '시민 계급이 오래 꿈꿔온 낙원'인가? 먼저 외부에서 식당으로 들어서는 입구 역할을 하는 도로와 주차장, 조명은 그곳을 파랗게 물들이고 있다. 그러니까 이곳엔 자유가 있어야 한다. 그러나 실제는 그와 반대인데, 그 자유의 조명 아래서 푸른 휘장을 두른 알버트(도둑)는 자신의 직원을 린치하고, 유기된 개들은 썩은 고기를 찾아 어슬렁거리고, 도둑의 아내(조지아)는 남편에게 폭행당하고, 아름다운 성가를 부르던 소년(천사의 이미지다)은 거세당한다. 그곳에 세워져 있던 트럭에서 썩은 채 발견되는 식재료들의 기괴한 풍경은 그곳이 부패와 빈곤과 폭력이 난무하는 공간임을 여실히 보여준다. 파란 자유는 썩었다.

폭행당하는 우애

주차장을 지나 녹색 조명으로 물든 주방(삼색에는 없었으니 이 공간에 대해서는 차차 이야기하자)을 거치면 식당의 홀에 이른다. 온통 붉은 조명과 의상, 가구와 양탄자들, 장신구와 식탁보들이 홀을 가득 메우고 있다. 심지어 (개연성을 대놓고 무시하겠다는 듯) 이곳에 들어서면 아무런 설명 없이 도둑들이 어깨에 두른 휘장 색도 붉은색으로 바뀌고 조지나의 드레스(그 유명한 장 폴 고티에가 디자인했다)도 붉은 옷으로 바뀐다. 음에도 색이 있는 법이니 이 공간에서는 음악(마이클 니만)도 붉다. 그러나 도둑들에게 우애란 게 있을 리가. 알버트의 온갖 욕설(인종주의와 여성혐오 발언)은 말할 것도 없고, 성추행과 동료 폭행이 행해지고, 심지어 알버트가 퍼트리샤의 얼굴에 포크를 쑤셔 박기도 하는 곳이 이 공간이다.

흥미로운 것은 이 영화 내내 중요한 알레고리로 등장하는 홀 벽의 그림이다. 도둑들과 여인들이 천박하고 게걸스러운 식사를 하는 장면이 포착될 때마다, 프레임 배면에는 그림 한 장이 등장한다. 그림의 정체는 인물화(특히 집단 인물화)로 유명했던 17세기 네덜란드 화가 프란스 할스의 <성 조지 민병대 장교들의 연회>다. 이 작품은 네덜란드를 독립된 국민국가로 만드는 데 지대한 공헌을 했던 시민들이, 민병대 군복무를 마치고 연회를 벌이는 장면을 실제 모델로 삼았다고 전해진다. 그렇다면 저와 같은 절묘한 프레임 배치를 통해 그리너웨이가 하고 싶었던 말은 분명한 듯하다. 17세기 네덜란드 황금시대의 그 건전했던 시민 계급이 1989년 즈음의 영국에서 어떻게 변했는지 보라. 무소불위의 권력과 폭력과 사기와 추행. 붉은 우애는 폭행당했다.

배변의 평등

그 붉은 식당 한편의 식탁에는 매번 한 신사(나중에 밝혀지지만 그는 유대인이다)가 앉아 식사를 한다. 그는 점잖고 지적이어서 먹는 와중에도 손에서 책을 놓지 않는다. 조지나와 첫눈에 사랑에 빠진 그의 이름은 마이클. 붉은 홀에서는 독재자 알버트가 날뛰고 있으니 그들은 만인이 두루 평등하다는(누구나 다 싸고 사니까) 화장실에서 밀애를 나눈다. 물론 화장실은 온통 하얀색이고, 거기 들어오는 이들의 의상도 모두 희다. 알버트마저 거기 들어올 때는 휘장의 색이 하얗게 변해 있다. 그러나 알버트의 폭력은 거기에도 미친다. 자꾸 자리를 비우는 조지나를 찾아 폭행하고, 소변을 보고 있는 사내들의 멱살을 잡고, 심지어 여자 화장실 문을 아무렇게나 열고 부수며 소리 지르는 알버트. 하얀 평등은 대소변에마저 적용되지 않는다.

녹색의 주인

그리너웨이가 보기에 마거릿 대처 시대의 유럽은 애초에 '문명화된 서구'가 이상으로 삼았던 자유와 평등과 우애의 정신 모두를 저버린 세계였던 모양이다. 그가 탁월한 형식주의 감독인 것은 그와 같은 정치적 증오와 경멸을 섬세한 색채감과 미장센을 통해 관객들에게 전할 만큼 영화적 기법에 능숙하기 때문이다. 그러나 한 가지 색이 더 남아 있다. 앞서 지나쳤던 바로 그 주방의 녹색이다.

주방은 지배인 리처드(요리사)가 통치한다. 아니 통치한다기보다는 보호한다고 하는 편이 맞겠다. 그는 부하 직원들을 함부로 대하는 법이 없다. 게다가 그곳에는 예의 그 천사 같은 아이가 부르는 성가 소리가 종일 가느다랗고 아름답게 울려 퍼지고 있으며, 화장실에서 쫓겨 온 마이클과 조지나가 음식들 사이에서 사랑을 나누기도 한다. 주방의 모든 직원들(대체로 서구 문명에 대해서는 타자인 유색인종들이다)이 기꺼이 그들의 후원자이자 비호자가 된다. 먹을 것이 만들어지고 사랑이 보호받는 곳, 천사가 성가를 부르고 품위가 폭력을 제압하는 곳, 노예들의 녹색은 평화의 색이다.

그러나 그들이 그저 노예이기만 할까? 감독은 아마도 헤겔의 '주인과 노예의 변증법'에 대해 알았던 듯한데, 헤겔에 따르면 때, 노예의 인정이 없는 주인은 주인으로 남을 수 없다. 그리고 노동을 통해 사물들을 향유하는 것은 정작 주인이 아니라 노예들이다. 천박한 미각을 가진 주인과 기품 있는 요리를 만드는 노예, 주인과 노예의 인정을 둘러싼 투쟁은 그런 이유로 역전되기 쉽다(이 영화의 제목 맨 앞에 '도둑'이 아닌 '요리사'를 먼저 거명한 것도 그런 이유는 아니었을지). 식당에서 유일하게 알버트 앞에서 당당할 수 있었던 사람 리처드가 이제 무엇을 하는지 보자.

그를 먹어라

조지나와의 관계가 들통난 유대인 마이클이 그의 오래된

서재에서 알버트의 손에 죽는다. 그사이 둘에게 음식을 날라 주던 천사 같은 소년도 거세당한다. 그 장면들은 너무도 잔인해서 한국에 개봉될 때 삭제되었다. 조지나가 발견한 알버트의 시신, 그의 입속에 잔뜩 구겨 넣어져 있는 것은 어떤 책에서 찢어낸 책장이다. 무심코 지나친 관객들이 많겠지만 그 책장에는 이렇게 쓰여 있다. "프랑스 혁명." 유대인의 시신 입속에 구겨 넣어진 프랑스 혁명……

연적을 죽이고 의기양양해진 알버트가 식당에서 주절거리는 말들 중에는 공히 미식가였던 나폴레옹, 처칠, 히틀러, 무솔리니에 대한 예찬도 있었다. 나폴레옹과 히틀러와 무솔리니, 그렇다면 저 대사를 통해 그리너웨이가 하고 싶었던 말이, 프랑스 혁명의 세 가지 정신은 최종적으로 유대인 학살에서 종말을 맞았다는 것이라고 이해하더라도 무리는 없어 보인다. 혁명이 유대인의 시신 속에 구겨 넣어졌으니까. 색채의 상징성 속에 깊이 숨겨져 있었다지만, 이 영화는 실은 아우슈비츠에 대한 영화이기도 했던 셈이다.

그러나저러나 저 도둑을 어찌 처리해야 할까? 저 천박하고 품위 없고 폭력적인(그리고 실은 성적으로도 불능인) 도둑은 이제 주인으로서 인정받기를 포기한 자이니까. 영화는 급기야 그 말 많은 마지막 장면을 준비한다. 녹색 주방에서의 길고 아름다운 롱테이크가 조지나의 비탄을 충분히 강조한 후, 그녀와 리처드의 복수가 시작된다.

어떤 영화에는 제아무리 끔찍하더라도 삭제되어서는 안 되는 장면이 있는 법이다. 이 영화의 마지막 장면이 그렇다. 한국 개봉 시 삭제된 결말부 10분여의 장면에서, 식당은 녹색의 노예들에 의해 점령당한다. 도둑 일당들은 제압되고 알버트는 강제로 (리처드와 조지나가 함께 요리한) 마이클을 먹어야 한다. 리처드의 손에서 소년의 손을 거쳤다가 자신의 손에 들어온 권총을 들고 조지나가 명령한다. "그를 먹어라." 멈칫거리던 알버트가 구토를 참으며 시신 요리를 먹기 시작할 때 한 발의 총성이 울리면 영화는 끝난다.

혹자들은 이 장면의 역겨움에 악담을 퍼붓기도 하고, 혹자들은 세계 영화사 중 가장 불편한 장면 중 하나라고 평하기도 한다. 그러나 나로서는 입장이 다르다. 『토템과 터부』에서 프로이트가 지적한 바 있다시피, 실은 우리 모두 식인종의 후손이고, 인류는 무수한 식인 제의를 통해 문명을 수립한 적이 있으니까. 폭군 아버지를 나누어 먹은 아들들이 문명의 설립자였다고 프로이트는(그리고 르네 지라르도, 프레이저도) 말한다. 게다가 엄밀히 따지고 보면 많은 이들이 아직도 한 성자의 피와 살을 일주일마다 먹고 마시기도 한다. 그러나 그 이야기는 이 글에서보다는 다른 영화에 대한 글에서 하는 편이 나을 듯싶다. 그 영화는 내가 아는 한 전쟁 영화의 최고 걸작인 <지옥의 묵시록>이다.

숲의 왕

<지옥의 묵시록>, 프랜시스 포드 코폴라, 1979(리덕스판: 2001)

감추어진 텍스트

이제 많이 알려진 대로, 역사상 최고의 반전反戰 영화들 중 하나로 꼽히곤 하는 코폴라 감독의 <지옥의 묵시록>에는 원작이 있었다. 폴란드계 영국 작가 조지프 콘래드의 소설 『암흑의 핵심*Heart of Darkness*』(1902)이 그것이다.

물론 코폴라 감독은 거장답게 문학 작품을 원작으로 삼은 많은 영화들이 자주 범하곤 하는 오류를 잘 피해갔다. 이른바 '문예 영화'를 표방한 영화들이 '원작에 최대한 충실하려다' 되레 문자의 힘에 굴복당하고 말았던 수많은 사례들(영화가 우익 문예주의와 결합한 경험이 있는 한국에 유독 그런 사례들이 많다)에 비할 때, 그의 선택은 현명했다. 감독은 원작으로부터 '커츠'라는 인물의 음험한 매력, 액자 형식의 골격, 로드무비 방식의 서사, 삽화적 구성만을 차용한다. 이를테면 원작과 영화 모두에서 '암흑의 핵심'에 사는 주인공 이름은 커츠다. 그리고 소설 속에서는 '말로'라는 인물이, 영화에서는 '윌라드'라는 이름의 내레이터가 과거를 회고하는 방식으로 이야기를 전한다. 이들의 이야기는 각각 콩고강과 넝강을 거슬러 올라가면서 자신들이 체험한 사건들에 관한 것이고, 그 사건들이 몇 개의 에피소드로 제시된다.

그러나 공통점은 여기까지다. 감독은 과감하게 작품의 무대를 베트남전쟁 말기 밀림의 격전지로 옮겨놓는다. 말하자면 영화는 소설의 골격만 가져온 셈이다. 모든 세부적 사건과 인물, 대사 등은 완전히 각색된다. 그러자 20세기 초엽 백인 작가가 쓴 가장 탁월한 반제국주의 소설이, 20세기 후반 베트남전쟁의 실상을 적나라하게 폭로한 가장 탁월한 반전 영화(미국 백인 감독이 만든)로 거듭난다.

'불온한 사상'을 가진 커츠(말런 브랜도)를 암살하라는 명령을 받은 윌라드 대위(마틴 신)가 넝강을 거슬러 올라가면서 보게 되는 미군의 행태는 가히 미치광이 짓에 가깝다. 히틀러가 가장 사랑했다는 음악가 바그너의 <발퀴레의 기행>을 틀어놓고, 오로지 2미터 파도에서 서핑을 즐기기 위해, 평화로운 베트남 마을에 무차별 헬기 폭격을 가하는 빌 킬고어(로버트 듀발) 대령의 그 유명한 광기(전쟁이 스포츠가 된다)는 말할 것도 없고, 플레이걸들의 위문 공연 장면(발정 난 짐승과 인간의 경계가 무너진다), 적이 어디에 있는지 지휘관이 어디 있는지도 모르는 채로 밤새 욕설과 기관총을 동시에 난사해대는 병사들의 부조리한 야간 전투 장면(피아가 식별 불가능해진다), 강아지 한 마리 때문에 민간인 여러 명의 몸을 벌집으로 만들어놓는 선상 난사 장면(살육과 전투를 구분할 수 없게 된다), 아직도 자신들이 베트남의 주인이라 고집하며 저녁 식사 자리를 음악과 보들레르의 시로 치장하는 프랑스인 농장주의 저택 장면('속물-노예'와 '귀족-주인'의 경계가 사라진다)……

일종의 점층법이랄까? 삽화들이 늘어날수록 인물들은 미쳐가고, 전쟁의 의미는 흐려지고, 부조리는 극에 달한다. 콘래드가 『암흑의 핵심』에서 이야기를 진행시키는 방식이 그와 같았다. 그러나 소설에서 차용한 삽화적 구성의 로드무비 서사가 이 영화에 가져다준 이점은 여기까지다. 소설에는 없었던 무언가가 영화에는 있다. 정확히는 코폴라 감독이 참조한 것으로 보이는 또 다른 원작 텍스트 한 권이 더 있는데, 비유하자면 그것은 마치 이 영화의 무의식이라도 되는 것처럼 최종심에서 영화의 결말을 결정한다.

일반적인 반전 메시지보다 좀더 신화적이고 인류학적이면서 또한 정신분석학적이기도 한 주제 하나가 텍스트의 형태로 화면에 등장하는 것은 러닝타임 '2시간 58분 12초'(리덕스판 기준) 즈음…… 그 텍스트의 제목은 『황금가지*Golden Bough*』, 1890년에 초판이 출간된 제임스 조지 프레이저의 책이다(이후 권수를 달리하며 여러 판본이 출간된다). 워낙에 유명한 책이니 아는 독자들이 많을 줄 알지만, 스크린 속에서 저 책을 발견한 관객이 많을지는 잘 모르겠다. 저

FRANCIS FORD COPPOLA PRESENTS AN ALL NEW VERSION
OF HIS GROUNDBREAKING MASTERPIECE.
BRANDO
DUVALL
SHEEN
FISHBURNE
HOPPER
FORD
Apocalypse Now
REDUX

책은 화면에 등장하자마자 1~2초 사이에, 마치 영화와는 전혀 무관하다는 듯이 금세 사라져버리기 때문이다.

숲의 왕

세 시간 넘는 러닝타임 중 고작 1~2초 등장하는 책 한 권이 그렇게 중요한 의미를 지닌 소품일까? 그저 우연의 소산 아닐까? 그러나 원래 잘 만들어진 영화 속에서는 중요한 암시적 장치들이 금세 사라져버리는 법이다. 게다가 의미심장하게도 저 책이 어둡기 그지없는 커츠의 처소(앙코르와트를 연상시키는 유적의 골방) 바닥에서 조명을 받는 순간의 맥락이 이렇다.

윌라드가 드디어 대면한 커츠는 이미 죽어가고 있다. 그런데 커츠는 윌라드야말로 '공포'와 친구가 될 만한 인물이라는 것을 알아본다. 그래서 그로 하여금 자신을 죽이게 함으로써 그에게 숲의 왕 자리를 물려주려고 한다. 다른 책도 아닌 『황금가지』가 저 맥락에서 카메라에 포착되었다면 그것은 절대 우연일 수 없다. 바로 '생명력을 다한 숲의 왕 살해'의 주제가 부상하는 장면이 여기이기 때문이다. 그리고 이 주제야말로 전형적으로 프레이저적인 주제이기도 하다. 프레이저의 『황금가지』는 장식으로 거기 놓여 있었던 것이 아니다.

프레이저가 그토록 궁금해하던 (그래서 자신의 책 제목을 따오기도 하고, 책의 첫 문장을 그 그림에 대한 이야기로 시작하기도 한) 윌리엄 터너의 그림 <황금가지>는 고대 숲속에서 행해지던 어떤 기이한 의식을 소재로 삼고 있다. 그림 속 모닥불 주위에서 사람들은 고요하고 평화롭게 숲의 여신 아르테미스를 찬미하고 있지만, 그곳에서는 차마 입에 담지 못할 일들이 반복적으로 일어났다. 젊은 왕에 의해 행해진 부왕 살해 의식이 그것인데, 고대에 왕은 초자연적인 주술사이기도 했으므로 숲의 생명력은 오로지 그의 기력과 관계되었다. 그가 늙으면 숲도 늙는다. 따라서 젊은 왕이 그를 죽이고(고대에는 '황금가지-겨우살이-칼'로, 지금이라면 촛불이나 가짜 뉴스로?) 새로운 왕에 등극해야만 한다.

그러니까 터너의 고요한 그림풍과 달리 네미호 인근의 숲에서 벌어진 축제는 인신공희의 축제였다. 게다가 훗날 장장 열두 권의 책으로 거듭나게 되는 프레이저의 저서 속에서 그런 인신공희는 단순히 네미 호수에서만 일어난 것이 아니었다. 세계 곳곳의 신화와 전설들이, 지역을 불문하고 모든 문명의 초입에 그런 잔인한 의례들이 존재했음을 입증한다. 물론 어떤 왕(신)은 자신을 대신해 아들을 인신공희의 제물로 바치기도 하고, 시간이 지나면서 어떤 왕은 이른바 '파르마코스'(인간 제물)들을 사육해서 제물로 바치기도 하고, 더 시간이 지나면 사람을 대신해 양이나 소를 제물로 삼거나 더러는 포도주와 빵으로 아버지의 피와 살을 대신하는 연극적 진화를 이루기도 하게 되겠지만……

따라서 감탄할 만큼 잘 연출된 영화 결말부, 정교하고도 충격적인 몽타주와 교차편집으로 이루어진 '커츠 살해/소 희생제의' 장면은 코폴라 감독이 명백히 커츠를 노쇠한 숲의 왕으로 이해하고 있음을 보여준다. 자신의 숙소 입구에 역광으로 서 있는 커츠, 그 앞에 소의 실루엣이 보인다. 그렇다면 이제 커츠는 소다. 결국 교차편집된 부락민들의 축제 장면에서 소가 사지를 난도질당할 때, 커츠도 윌라드에 의해서 난도질당하는 것은 신화적으로 당연하다. 게다가 어둠과 빛이 극단적으로 교차하는 조명 속에서 윌라드는 커츠와 구분조차 되지 않는다. 역시 당연한 일이다. 이제 그가 숲의 왕, 2대 커츠가 될 테니……

아버지를 먹어라

영화는 물론 '정치적 올바름'의 룰에 따라, 새로운 숲의 왕 윌라드가 부락을 떠나면서 마무리된다. 주민들은 모두 무기를 내려놓았으니 젊은 백인 왕은 떠남으로써 평화의 수호자가 된다. 그러나 신화적으로도 그랬을까? 신화 속에서라면 당연히 윌라드와 부족민들이 난자당한 희생물 '커츠-소'를 먹어 치웠으리라. 지금도 남아 있는 (변형된 식인) 풍습들이 그 사실을 증거하는데, 가령 나는 엊그제 제사를 지낸 후 조상들의 혼이 깃든 술(그것은 피겠지)을 가족들과 나누어 마셨고(음복이란 이름으로), 신앙을 가지고 싶었던(그러나 최종적으로 실패했던) 젊은 날, 성자의 피라는 포도주와 성자의 살이라는 빵을 사제로부터 받아먹은 적도 있다.

미루어 보건대, 신화 속에서라면(혹은 신화적인 의미에서라면) 그들은 분명히 커츠를 먹었다. 프로이트가 『토템과 터부』에서 얼마간의 가정법을 동원해 묘사하려 했던 것이 바로 그런 장면이다.

> 어느 날 문득 추방당했던 형제들이 힘을 합하여 아버지를 죽이고 그 고기를 먹어버림으로써 부군父郡을 결딴낸다. 말하자면 자군子郡은 단결함으로써 혼자서는 도저히 불가능하던 일을 성취시키고 마침내 부군의 결딴을 성사시킨다(문명의 발달로 인한 신무기 개발이 형제들에게 우월감을 고취했는지도 모른다). 그들은 식인종들이었으니, 살해한 아버지의 고기를 먹었을 것임은 두말할 나위도 없다. 폭력적인 원초적 아버지는, 아들 형제들에게는 누구에게든 선망과 공포의 대상이자 전범이었다. 이들 형제들은 먹는 행위를 통해 아버지와의 일체화를 성취시키고, 각자 아버지가 휘두르던 힘의 일부를 자기 것으로 동화시켰다. 아마도 인류 최초의 제사였을 토템 향연은 이 기억할 만한 범죄 행위의 반복이며 기념 축제였을 것이다. 그리고 이 범죄 행위로부터 사회 조직, 도덕적 제약, 종교 같은 것들이 비롯되었을 것이다.
> (지그문트 프로이트, 「토템과 터부」, 『종교의 기원』, 열린책들, 1997, pp. 403~404)

프로이트에 따를 때, 숲의 왕 살해는 아버지 살해다. 그러나 살해 후 죄의식이 아들들을 사로잡는다. 이후로 줄곧 그

최초의 살해를 복기함으로써 (죄의식 속에서) 다시는 그런 범죄가 일어나지 않도록 하려는 행위, 그것이 제의의 본질이다. 금기를 만들고 법을 만들고 도덕을 만드는 일이 바로 그 아버지 살해와 식인 의식으로부터 시작된다. 이른바 '죽은 아버지에 대한 사후 복종' 형식으로서의 인신공희가 폭력으로 창설된 문명의 기원이다(참 그다운 결론이다).

코폴라가 영화의 결말을 그처럼 잔혹한 희생제의 장면으로 마무리했던 이유는 이제 분명해진 듯하다. 암흑의 핵심에 있던 늙은 왕을 죽이고 그를 나누어 먹음으로써, 이 미친 세계에서 법과 금기는 다시 새롭게 힘을 얻고 숲은 평화를 되찾으리라. 잠시 그리너웨이의 <요리사, 도둑, 그의 아내 그리고 그녀의 정부> 이야기로 돌아가서, 영화 말미 리처드와 조지나가 유대인의 시신을 알버트에게 먹인 이유도 이제 어렴풋이 이해가 간다(알버트에게 먹으라고 강요했던 부위가 바로 부권의 상징 '남근'이었다는 사실은 꼭 상기할 필요가 있다). 말로 옮기자면 이런 의미 아니었을까?

"유럽의 부르주아들이여, 너희들이 죽인 이 유대인의 시신을 먹어라. 그럼으로써 너희가 행한 악과 죄의식을 나누어 가져라."

무서워라, 무서워라

통쾌하고 적나라하고 심오한 결말이다. 그러나 나는 물론 그런 신화적이고 미학적인 결말이 지상에 새로운 평화를 가져올 것이라고는 믿지 못한다. 신화는 옛날 일이고 예술은 힘이 없어서, 오늘날 희생양은 가짜 뉴스가 양산하고 기원과 결별해버린 피와 살은 그 효력을 잃어버렸다. 누구나 희생양을 자처하지만 피와 살을 나누는 법이 없고, 사법 권력은 사법 폭력과 구별되지 않으며, 강남의 재력가와 '좌파'라는 말이 모순 없이 나란히 쓰이기도 하는 세계, 애국이 광기가 되고 국기가 망상의 표지가 되고……

코폴라도 어렴풋이 이런 세태를 예감했던 것일까? 커츠도 윌라드도 마지막으로 뱉은 대사는 "Horror, Horror"였다. 무서워라, 무서워라.

옛날 옛적 버밍햄에서

<프라이드 그린 토마토>, 존 애브넷, 1992

아버지 프레이저

『지옥의 묵시록』의 한 장면에서 커츠(말런 브랜도)의 어두운 처소에 놓여 있던 프레이저의 책, 『황금가지』는 사연이 많은 책이다. 이 책은 한때 열두 권짜리 판본까지 출판되었다고 하는데, 오로지 '숲의 왕'과 관련된 신화와 전설 들을 주제로 이른바 비교 인류학(그는 스스로를 '현장 인류학자'가 아니라 '비교 인류학자'라고 말하곤 했다)적 작업을 수행하다 보니, 엄청나게 많은 사례들을 집대성하게 되었기 때문이다. 그러나 흥미로운 점은 책의 방대함만이 아니다. 그가 (최소한 『황금가지』를 집필하는 동안에는) 단 한 번도 외국에 나가본 적이 없다는 사실이 더 흥미롭다. 자신의 서재와 도서관 의자, 거기에 앉아서 그는 어떻게 그리도 많은 이야기들을 모았을까?

이 질문에 대한 답은 좀 정치적이어야 한다. 그리고 페미니즘적이어야 한다. 그가, 19세기 말과 20세기 초에 지적인 활동의 절정을 맞은 '영국인 백인 남성 귀족'이 아니었다면, 그 방대한 책을 쓸 수는 없었으리라. 영국은 한때 지구의 절반이 자기 영토라고 자부할 만큼 제국주의적인 나라였고, 부와 땅만 아니라 온갖 인종들과 동물들(최초의 근대적 동물원이 들어선 것도 영국이었다)과 보석과 향신료와 식재료들이 영국으로 흘러들었다. 그리고 (이른바 '인류학'이라는 근대적 학문의 이름 아래) 수많은 '이야기'들과 유물들도 런던으로 흘러 들어갔다. 말하자면 제국주의가 『황금가지』를 쓰게 한 셈이다(그렇게 쓰인 『황금가지』가 은연중 서구 중심주의와 기독교를 정면에서 공박하고 있다는 점은 좀 아이러니하다).

마찬가지로 남성 중심적 가부장제가 『황금가지』를 쓰게 했다는 말도 가능하다. 제국주의가 항상 남성의 얼굴을 하고 있다는 점 때문만이 아니라, 실은 『황금가지』의 그 방대한 사례들을 거칠게 요약하자면 '아버지들의 잔혹사' 혹은 '부왕 살해의 역사'쯤 될 것이기 때문이다. 숲의 왕이자 주술사인 아버지의 노쇠, 젊은 왕의 부왕 살해, 다시 노쇠, 다시 살해의 반복이 『황금가지』에서 프레이저가 찾아낸 고대 역사의 패턴이다. 어찌 되었건 공동체는 남성 가부장인 숲의 왕을 중심으로 영고성쇠를 거듭한다. 터너의 그림 속에서 아르테미스는 원형 대열 가운데 불을 들고 서 있다고는 하나, 여신의 남편 자격으로 인간들의 숲을 지배한 것은 남성 가부장들이었다. 거기에는 여성들의 역할도 역사도 없다.

아버지 프로이트

『토템과 터부』에서 프로이트가 언급한 예의 그 유명한 고사古事도 마찬가지다. 모든 부와 여자들을 독차지한 원초적 아버지(법 이전의 아버지이므로 그에게는 금기가 없다)에 반해 형제들이 반란을 일으키고, 그 아버지의 살을 먹음으로써 죄의식을 나눠 가진다. 거기서 법과 문명과 질서가 최초로 탄생한다. 그러니까 그것은 아들과 아버지 사이의 오래된 싸움(프로이트는 세계 문학 사상 가장 위대한 걸작을 셋 꼽는데 그것들은 모두 이 싸움을 극화하고 있다. 세 걸작은 『오이디푸스 왕』 『햄릿』 『까라마조프 씨네 형제들』이다)의 기원에 대한 이야기다.

아마도 프로이트가 얼마간의 가정법을 동원해서라도 저 이야기를 복원한 데에는 이유가 있었으리라. 프로이트는 "개체 발생은 계통 발생을 반복한다"라는 근대 생물학의 명제를 믿었으니까…… 그가 한 주체의 발생 과정에서 이른바 '오이디푸스 콤플렉스 단계'를 발견했다면, 그와 유사한 단계가 마찬가지로 종의 수준, 즉 인류 전체의 발생 과정에서도 발견되어야 했다. 말하자면 '부왕 살해'와 '인신공희' 그리고 잇따른 죄의식과 문명의 설립은 우리가 유년에 겪은 오이디푸스 단계의 계통 발생적 기원이다. 거대한 남근으로 엄마를 차지한 아버지(겨우살이 가지, 칼 같은 무기들은 다 남근 상징이다), 그로부터 기원하는 부친 살해 욕망, 그에 대한 죄의식과 거세 콤플렉스, 그리고 아버지-법에 대한 동일시와 사회화, 이것이 프로이트가 말하는 주체 형성 과정이다.

그러나 그것은 좀더 정확하게 말하자면 '남근'을 가진 '남성' 주체의 형성 과정이다. 여기에도 역시 여성은 없거나 모호하게만 있고(스스로를 프로이트의 적자라고 생각하는 라캉은 '여성은 없다'라고 말한다), 혹은 복잡하게 있다(남근 기표를 매개로 하지 않는 여성적 주이상스 운운). 라캉이 그나마 남근을 '(주인) 기표' 혹은 '아버지의 이름'으로, 생물학적 영향권에서 언어학적 영향권으로 선회시키기는 했지만, 그러나 그 또한 『세미나』 어딘가에서 주인 기표로서의 '남근'의 약화가 현대 사회에 어떤 상황을 불러올지 우려하고 있기는 마찬가지다. 마치 그것이 없으면 아버지의 이름에서 폐제된 이들의 분열증이 세계를 덮칠 수도 있다는 듯이……

에벌린의 '불알론'

영화 <프라이드 그린 토마토>의 동명 원작 소설에서 늙은 '니니'의 이야기를 오래 듣고 난 '에벌린'(니니의 이야기를 들으면서 그녀는 점점 당당한 여성으로 변화한다)이 풍자하고 있는 것이 바로 그와 같은 사태다. 그녀로서는 남편 에드가 누군가 자기 불알을 잡는 것을 그토록 무서워하는 것이 이해가 되지 않는다. 그것은 고작 정자를 담은 작은 주머니에 불과한데 말이다. 아들의 그것이 제대로 발육하지 않는다며 호들갑 떠는 꼴도 이해되지 않기는 마찬가지다. 아이를 갖는 데는 아무런 문제도 없다는데 말이다. 말하자면 이것은 에벌린의 '불알론'(점잖게 '고환론'이라고 할까 하다가, 원작에 충실하기로 했다)인데, 읽으면서 (남자인 나로서도) 부끄럽고 통쾌했거니와, 불알과 남근은 다른 것이 아니냐는 논쟁은 미리 사양한다. 애초에 그것들은 삼위일체인 데다, 지금 작가는 단순히 남성의 생식기에 관한 생물학적 논쟁을 벌이자는 것이 아니라, 가부장적인 사회 질서가 실은 얼마나 연약한 물질(혹은 물건) 위에 기반하고 있는지를 폭로하는 고도의 수사를 구사하고 있기 때문이다. 도대체 우리는 왜 '남근 없는 공동체'(남자 없는 공동체를 말하는 것이 아니다)를 상상하면 안 된단 말인가!

휘슬스톱 카페

1991년 존 애브넷 감독이 만든 영화 <프라이드 그린 토마토>가 상상한 공동체가 그런 공동체다(나는 그런 공동체 몇을 더 소개해볼 생각이다). 그 공동체의 정확한 위치는 미국 앨라배마주, 버밍햄 인근, 기차가 서는 조그만 마을, 거기서 1929년에 개업한 카페 '휘슬스톱'…… 거기 '잇지'와 '루스'가 살았다. 가장 맛있는 음식은 '프라이드 그린 토마토'였고, 가장 독특한 음식은 '빅 조지'가 만든 바비큐였다(그 재료는 아직 공개할 수 없다).

결혼하지 않은 채, 기찻길에서 팔 하나를 잃었지만 꿋꿋하게 자라는 아이(스텀프)를 기르는 두 연인 잇지와 루스(둘 다 생물학적 여성이다)가 공동체의 중심에 있다. 그들은 같이 사랑했던 한 남자(잇지의 오빠인 버디)를 잃은 후 둘이 사랑에 빠지게 되고(원작 소설과는 다르다), 루스는 잠시 결혼했지만 남편(프랭크 베넷)의 폭력을 견디지 못해 잇지에게 돌아와 암으로 죽을 때까지 평생을 같이한다. 잇지는 루스가 죽은 후에도 영원히 그녀를 사랑한다.

1929년이었고, 미국 남부였으므로 그들에게는 흑인 시종들이 있다. 현명하게 늙은 '십시'(그녀는 이 영화에서 한순간 지대한 역할을 한다), 그녀의 아들 '빅 조지'(원작으로 미루어 볼 때 빅 조지는 업둥이다. 십시에게 친혈육은 없다)는 어마어마한 거구이고, 그의 바비큐 요리는 일품이다. 인종이 다르지만 그들은 결코 가족애를 버리지 않고, 인근 빈민들이나 흑인들 그리고 '스모키' 같은 방랑 노숙인에게도 먹을 거리와 잠자리를 제공한다. 떠돌다 마을에 정착한(그러나 떠나고 싶을 때 미련 없이 떠나는) 스모키는 평생 루스를 사랑하지만 내색도 하지 않는다. 그것이 그의 사랑의 방식이고, 게다가 그는 애초에 그 어느 것도 소유하고자 하지 않는 종류의 사람이다. 술 외에는……

잇지에게는 오빠와 누이들이 많은데, 죽은 버디 외에도 '줄리언' '클로에'(니니의 남편), '니니'(화자, 업둥이) 등등이 있고(영화에서 이들은 그다지 사연을 부여받지 못한다. 그러나 소설 속에서는 이들이 얼마나 사려 깊고 엉뚱했으며 지혜로웠는지를 소상히 알려준다), 잇지의 절친 '그래디'와 '에바'…… 그래디는 마을의 보안관이고 덩치가 크지만 가부장적이라기보다 힘이 필요할 때 마을을 지키는 울타리 같다. 에바는 강가에서 낚시 클럽과 술집을 운영하며 자신의 욕망에 충실한 여자이지만, 너무도 현명해서 이 마을에선 누구도 그녀를 무시하지 않는다(소설 속에서는 마을의 많은 난제들을 에바가 해결한다). 그리고 또…… (숨차다)…… 이 모든 이야기들은 늙은 니니가 병원에서 에벌린에게 들려주는 것이고, 이 이야기들을 들으면서 에벌린은 점차 변화한다.

버밍햄

한없이 더 들려주고 싶은 자잘하고도 따뜻한 이야기들이 많은 영화이지만 줄거리와 인물을 더 나열하는 것이 그리 현명한 짓은 아니지 싶다. 그 카페의 말할 수 없이 따뜻한 온기를 느끼는 일은 아무래도 직접 이 오래된 영화를 보기로 결심한 독자들에게 주는 선물로 남기고, 다만 당시 버밍햄이 어떤 곳이었는지, 그리고 프랭크 베넷(이 영화에서 유일하게 악역인 루스의 남편)이 어떻게 되었는지에 대해서만 말할 참이다.

소설에 따를 때 버밍햄은 대공황기 미국에서 가장 큰 타격을 입은 도시였다. 미국 전체 도시 중 1인당 소득이 가장 낮았고, 문맹률은 가장 높았고, 성병이 가장 많이 창궐했고, 흑인은 백화점에서 화물용 엘리베이터를 타야 했고, 전차에는 흑인석이 따로 있었으며, 1931년 한 해에만 131명이 살해된 살인자들의 남부 중심지, 거기가 버밍햄이었다.

좀 길다 싶게 당시 버밍햄의 상태에 대해 언급한 것은 잇지와 루스의 '남근 없는 다인종 무계급 퀴어 공동체'가 (이 영화는 개봉 당시 최고의 레즈비언 영화상을 수상했고, 실제로 작가 패니 플래그는 커밍아웃한 레즈비언이다) 어떤 위협과 고난을 감수해야 했는지를 설명하기 위해서다. 영화 속에서 위협은 프랭크 베넷에게서 온다.

그는 이 마을을 두 번 방문하는데 조지아의 KKK단과 한 번(빅 조지는 채찍질당하고, 루스의 아이는 납치될 뻔했다), 그리고 혼자서 한 번. 그러나 두번째 방문하던 밤 '어떤 사건'이 있었고 그는 영영 집에 돌아가지 못한 채 행방불명된다. 훗날 그의 차가 강에서 건져 올려지고, 형사들이 이 공동체를 수사하지만 단서나 증거가 없었으므로, 그저 빅 조지가 요리한 바비큐만 수 인분씩 맛있게 먹고 돌아간다. 재판에서는 심지어 잇지와 적대적이던 침례교 목사님마저 (가짜 성경에 선서하고) 잇지의 알리바이를 위증해주는 반전도 일어난다. 그러나저러나 도대체 프랭크는 어디로 간 걸까?

법이 먹은 것

암시만 하자면, 그 밤이 지난 후 새벽이 올 때, 잇지는 빅 조지에게 이렇게 말한다. "조지 이제 돼지를 삶을 시간이에요." 그리고 다음 날 형사가 먹은 바비큐는 유난히 맛있었고, 그 겨울에 미시시피강의 메기들은 배라도 부른 듯 미끼를 잘 묻지 않았다. 혹시 법(가부장적이고 남근 중심적인)이 뭔가 자신이 찾고 있던 것(역시 가부장적이고 남근 중심적인)을 먹은 건 아닌지 모르겠다.

다른 세상도 가능했다

<안토니아스 라인>, 마를렌 고리스, 1995

법 없이 사는 사람들

영화 <안토니아스 라인>을 보다 보면 의아해지는 점이 하나 있다. 이 영화에는 이상하게도 경찰이 등장하질 않는다. 소녀가 성폭행당하는 사건도 일어나고, 그 성폭행범이 피살당하는 사건도 일어나지만, 경찰은 마치 존재하지 않는다는 듯이, 마을에 찾아오지 않는다. 마을 사람들 모두가 일어난 일들을 알고 있지만, 그 누구도 신고하지 않기 때문이다. 그럼에도 이 마을 사람들은 잘 살아간다. 그러니까 이 영화의 배경이 되는 벨기에의 한 시골 마을에서는 (대체로 권위적이고 남근 중심적이게 마련인) '법'이 아니라, 무언가 다른 원리가 지배한다.

그것을 뭐라고 불러야 할지는 잘 모르겠다. 순리? 인륜? 섭리? 그러나 뭐라 부르건 그것의 작동 방식은 우리가 알고 있는 신화들(제우스나 오딘이나 인드라 같은 남성 신이 지배자로 등장하는)보다도 더 이른 시기의 공동체에 뿌리를 두고 있음에 틀림없다. 고대 모계제 사회(실증적으로 존재했는지의 여부와는 무관하다), 영화 <안토니아스 라인>은 조지프 캠벨이 이른바 '신화적 비방'이라 부른 대모신의 평가절하 작업이 일어나기 이전의 세계를, 전후의 유럽으로 소환하는 영화다. 그러자 지금 우리가 속해 있는 세계는 낯설어지는데, 그 낯섦은 대체로 이런 것이다. '우리가 지금 살아가고 있는 세상이 아닌, 전혀 다른 세상도 가능했다.'

봄: 공동체의 설립

부왕이 통치하는 법과 문명, 그 이전의 세계를 모델로 삼은 이 영화는 (자연의 섭리가 그렇듯) 겨울에서 시작해 겨울에서 끝나는 순환구조를 취한다. 어느 겨울날, 늙은 안토니아가 자신의 죽음을 준비한다(대체로 중환자실에서 죽는 우리들에게 죽음의 날을 자발적으로 맞이할 수 있는 행운은 거의 오지 않는다. 다른 죽음도 가능할 텐데……). 그리고 플래시백…… 지모신 안토니아가 (딸 다니엘과 함께) 마을에 돌아온 것은 수십 년 전 어느 날, 아직 진눈깨비가 날리는 이른 봄이었다.

안토니아가 귀향하기 전까지 마을의 지배적인 분위기는 댄 일가가 장악하고 있었던 것처럼 보인다. 올가의 카페에서 아버지 댄이 아들 피터와 함께 정신박약인 딸 디디를 대하는 태도는 이 마을이 얼마나 가부장적인 원리에 의해 지배되고 있었는지를 집약해서 보여준다. 오빠는 누이의 가슴을 움켜쥔 채 흔들고 있고, 아버지는 그 딸을 두고 좀 덜떨어졌지만 힘 하나는 소처럼 세다고 말하는 장면을 상상해보라. 그러나 안토니아, 그녀는 실로 프로이트의 '원초적 아버지'보다 더 오래된 지모신, 그녀가 돌아온 이상 폭군 아버지의 횡포는 그대로 유지될 수 없다.

감독은 의도적으로 안토니아에게 지모신의 풍모를 부여한 것처럼 보이는데, 가령 그녀가 넓고 아름다운 대지에 곡식 씨앗을 뿌리는 장면을 여러 차례 익스트림 롱숏으로 보여줄 때 특히 그렇다. 마을 사람들은 마치 흉년이나 기형아를 받아들이듯이, 전능한 신을 받아들이듯이, 안토니아 모녀를 받아들인다. 프로이트와 프레이저의 부왕 살해 모티브를 뒤집어놓기라도 한듯, 돌아온 지모신이 원초적 아버지에게 도전장을 내민다(그런데 부왕은 누가 낳았을까? 원초적 아버지 이전에 원초적 어머니가 있지는 않았을까?).

당연히 <프라이드 그린 토마토>의 휘슬스톱 카페처럼, 안토니아의 정원 딸린 집 주위로도 공동체 하나가 설립된다. 그 일원들을 소개해본다. 먼저 올가, 그녀는 마을의 유일한 카페 주인이자 산파이며 또한 장의사이다. 마을의 모든 아이들은 그녀의 손에서 태어나고 모든 주검은 그녀의 손으로 입관된다. 그렇다면 그녀에게서 삶과 죽음을 관장하는 여신의 속성을 읽어내기는 어렵지 않을 듯하다. 다음으로 크룩핑거, 괴팍한 이 노인은 철학과 문학과 수학과 예술에 관해서라면 모르는 것이 없다. 다만 염세주의자여서 쇼펜

하우어를 애독하고 삶이 죽음만 못한 것이라는 믿음 속에서 은둔을 고집하는데, 안토니아와 둘도 없는 친구다. 그러니까 삶의 원리와 죽음의 원리가 이 공동체의 양극에서 교류하면서 공존한다(그렇다면 오늘날처럼 삶만을 특권화하고 죽음은 교외로 내팽개치지 않는 세상도 가능하지 않았을까?).

그 외에도 바보 '미친 입술,' 그와 결혼하게 된 예의 그 '디디,' 보름달이 뜨는 밤마다 늑대 소리를 내는 '미친 마돈나,' 그녀를 사랑하는 아래층 '신교도,' 파계한 신부, 그 신부의 사랑으로 열세 명의 아이를 출산한 레타, 다니엘의 동성 연인 라라, 그리고 이들 세대의 아이들인 테레사(수학과 음악에 출중한 재능을 보이는 천재)와 시몬과 사라와……(나로서는 유색인종이 없다는 점이 좀 아쉽다. 황인종인 내가 그 공동체에서 크룩핑거로 살았다면 싶다).

면면을 보면 알겠지만 이 공동체에 이름을 붙이자면 '타자들의 공동체' 정도가 가장 적당할 듯하다. 레즈비언, 미혼모, 파계한 신부, 바보, 정신지체자, 광인, 이교도 들이 안토니아의 집 마당에 놓인 커다란 식탁에 둘러앉아 식사하는 장면은 영화에서 여러 번 등장하지만, 아무리 봐도 질리지 않을 만큼 풍요롭고 평화스럽고 자유롭다. 이 공동체의 많은 문제들이 직접민주주의적으로 그 식탁 위에서 (전혀 딱딱하거나 논쟁적이지 않게) 논의되고 해결된다. 고백하건대 이것은 내가 본 것들 중 가장 민주적이고 아름다운 공동체다.

"Remarkable. Whimsical. Sensuous!"
Antonia's Line
A MOTION PICTURE THAT CELEBRATES EVERYTHING YOU LOVE ABOUT LIFE
Official Netherlands Entry 1995 Academy Awards® Best Foreign Language Film

여름: 폭발하는 사랑

대지가 푸른색으로 뒤덮이자, 자연 만물이 그렇듯 사람들의 사랑도 시작된다. 피터에게 겁탈당하고 안토니아네로 들어와 살게 된 디디가 미친 입술과 결혼한다. 다니엘은 결혼을 피해 자발적으로 미혼모가 되어 테레사를 낳는다(아버지가 반드시 필요할까?). 테레사는 천재인데, 이 아이의 선생님 라라가 다니엘의 영원한 사랑이 된다(누구도 그들의 동성애를 백안시하지 않는다). 안토니아도 바스에게 청혼을 받지만 거절한다(바스는 비유하자면 남근 없는 남성이다. 온화하고 성실한 그는 댄 일가의 남자들과 대조적이다). 그러나 오히려 결혼이라는 제도에 묶이지 않았으므로, 둘은 영원한 연인이자 가족으로 살아간다(결혼은 사랑의 결말이 아니라 족쇄일 수도 있다. 특히 여성에게는). 레타는 신부와 사랑을 나눠 해마다 아이를 낳고(열셋까지 낳는다), 테레사도 시몬(레타의 장남)과 우정을 쌓아간다. 우정은 곧 사랑이 된다(우정과 사랑은 구분되어야 할까?).

우리가 살아가고 있는 세계의 자명함에 수많은 질문들을 던지게 할 만큼, 이 여름의 공동체는 그렇게나 시끌벅적했는데, '곳곳에서 사랑의 열정이' 소음으로 폭발하던 어느 밤, 잠을 못 이룬 다니엘의 딸 테레사가 복도에 나와 한 말은 단 한 마디였다. "잠을 못 자겠어요!!" 여기는 성이 금기시되지 않고, 동성애나 신체적 장애가 어떤 편견에도 휘말리지 않으며, 미혼모가 되겠다는 딸의 계획을 어머니가 도울 뿐 아니라, 결혼이라는 제도가 오히려 어색해지는 공동체다. 천재는 그저 약간의 '비정상'으로 취급받으며, 모성애(이것은 이데올로기이다) 강한 남성이 공부하는 아내 대신 육아를 담당하고, 그 모든 일들이 일어나는 와중에도 늘상 죽음이 친구처럼 곁을 지키는 공동체다. 여러 번 봐도 다시 보고 싶어지는 이 영화의 여름 장면들, 그러나 그 여름도 영원할 수는 없다.

가을: 말의 힘으로

순리대로 가을이 온다. 가을은 미친 마돈나의 죽음과 함께 시작된다. 그녀가 죽자 그녀를 사랑했던 신교도도 세상을 뜬다(다행히 안토니아 덕분에 둘은 무덤에서 하나가 된다. 이 영화는 반종교적이기도 하다). 곧이어 늙은 가부장 댄도 세상을 떠난다. 그리고 가을 수확이 한창인 들판으로 남근 가진 악마, 피터가 돌아온다.

디디를 겁탈했던 그가 아직 어린 소녀인 테레사를 겁탈한 밤, 안토니아의 모습은 영화 전체를 통틀어 가장 두렵고 영웅적이다. 라라가 지켜보는 가운데 다니엘로부터(그녀들은 당연하다는 듯 안토니아를 만류하지 않는다) 장총을 넘겨받은 그녀가 피터를 찾아 나선다. 그는 카페에서 발견된다. 역시 경찰은 오지 않는데, 알다시피 이 마을에서는 법이 아닌 다른 원리가 작동하기 때문이다. 안토니아는 피터에게 법 대신 고대에 가장 유력했던 처벌, 곧 저주를 건다.

그 저주의 내용을 여기 옮겨 적지는 않는다. 영화에서 가장 장엄하고 통쾌한 장면을 보는 재미를 독자들에게서 앗아가고 싶지 않아서다. 다만 마술적 리얼리즘의 영향을 받은 것으로 보이는 영화답게, 놀랍게도 안토니아의 저 무시무시한 저주는 말 그대로 실현된다는 사실만 밝힌다(고대에는 말에도 마법적 힘이 있었다고들 한다). 피터는 마을 청년들에게 집단으로 린치를 당하고, 폭우 속에 (입에서 오물을 쏟으며) 집으로 돌아오지만, 물을 마시려다 동생 얀에 의해 살해당한다. 말먹이 우물에서의 익사였다(그의 폐에는 안토니아의 저주에서처럼 썩은 물이 가득했으리라). 그러나 그 일 이후로 공동체는 늙는다. 겨울이다.

겨울: 단 한 번 출 수 있는 유일한 춤

그가 겪어야 했던 트라우마가 무엇인지는 알 수 없으나, 전쟁 후로 항상 겨울만을 살았던 인물이 크룩핑거다. 이 염세적인 노인이 설파하는 교훈은 매력적인데, 그가 자주 읊어대는 쇼펜하우어의 명문들 때문만은 아니다. 아마도 그가 없었다면, 공동체는 생명력으로만 무성했으리라. 죽음을 모르는 생명들의 무성함은 되레 두려울 때가 있지 않던가! 그의 생일 파티와 함께 추운 계절이 시작된다.

자신의 생일 파티에서 그는 친구들에게 말한다. 태어나지 않는 게 최고라고, 아니면 무존재가 되든지. 그 말의 예지력 탓이었을까? 공동체는 이제 죽음의 슬픔을 겪어야 한다.

레타가 열세번째 아이를 출산하다 죽는다. 그러자 파계 신부는 아이들을 데리고 도회지로 나가 사회사업가가 된다. 피터의 동생 얀도 죽는다. 그러나 얀의 어머니(디디의 어머니이기도 하다)는 그 시신을 차갑게 외면한다. 그도 가부장이었으니까. 그리고 디디의 어머니에게도 원한은 많았으니까. 미친 입술은 트랙터 사고로 죽고, 마지막으로 죽음의 예찬자 크룩핑거 자신이 죽는다. 자살이다.

만약 저 공동체에서 살 수 있다면 크룩핑거쯤이 적당하겠다 싶은 나로서는 그의 죽음 앞에서 답해야 할 질문이 남아 있다고 생각한다. 태어나서 자라고 사랑한다는 것, 즉 산다는 것은 정말 가치 있는 일인가? 종종 나는 자발적 선택 없이 우연하게 태어나 100년 가까운 삶을 영위하는 일이 쾌보다는 불쾌에 가깝다고 생각하는 경우가 많다. 내 안에 크룩핑거가 있다. 그러나 크룩핑거의 반대편에는 (싸우지 않고 서로에게 조언을 구하면서) 역시나 안토니아가 있다. 지모신은 생명의 신, 그녀는 죽기 며칠 전 영화가 끝나고도 오랫동안 뇌리에서 사라지지 않을 말을 남긴다. 영원히 죽는 것은 없다고, 언제나 무엇인가가 남기 마련인데, 거기서 새로운 것이 탄생하는 법이라고. '인생이란 이유 없는 시작'이라고. 그러자 사라가 다시 묻는다. 천당은 있느냐고. 그에 대한 안토니아의 답. "이 춤이 우리가 출 수 있는 유일한 춤이란다."

지모신 안토니아 왈, 인생이란 유일하게 한 번 추는 춤이란다. 그녀도 유물론자이니 천당이라거나 내세 같은 걸 믿지 않는다. 또 별다른 이유도 대지 못하면서 생명이란 아름다운 것이라는 관용어구를 반복하는 생태주의자도 아니다. 그녀 역시 삶의 이유 따위는 없다는 것을, 인생이란 살아감 그 자체일 뿐이라는 것을 안다(사는 것이 인생이라는 말은 얼마나 동어반복적인가?). 그래서 크룩펑거는 그 무의미함을 못 이기고 죽음 편에 섰던 것일 테다.

그러나 다시 안토니아 왈, 우리가 최선을 다해 그 춤을 춘 이상 그로부터 무언가는 다시 시작된단다. 삶은 이유 없이 시작되지만, 또한 영원히 대물림되기도 하는 거란다. 춤은 어차피 끝날 테지만, 이유 없이 시작된 단 한 번의 춤을 포기하지 않고 끝까지 추는 것, 그것이 인생이란다. 그래서였을까? 온 힘을 다해 단 한 번의 춤을 추고 이제 죽음을 맞이하는 안토니아의 마지막 표정에서는 묘한 자부심과 만족감과 회한이 동시에 묻어난다. 내가 본 가장 장엄하고 평화로운 죽음이었다.

그것은 나의 혀

<피아노>, 제인 캠피언, 1993

나무조차 거짓말을 한다

다시 읽어보자니, <안토니아스 라인>에 관해 쓴 지난 글에서 나는 평소 가급적이면 쓰지 않으려고 노력하는 단어를 두 번이나 쓰고 말았다. '아름답다'라는 형용사가 그것인데, 안토니아를 지모신에 비유하면서 "넓고 '아름다운' 대지에 곡식 씨앗을 뿌리는"이라고 한 번, 그녀의 농장 앞마당 식탁에서의 연회 장면들을 두고 "내가 본 것들 중 가장 민주적이고 '아름다운' 공동체"라고 말하면서 두 번……

'아름답다'는 누구나 너무 자주 쓰는 단어여서 사용하기에 식상하다고 느껴질 뿐만 아니라 품고 있는 내포도 너무 넓다. 어떤 대상을 그렇게만 표현하고 말면 그것의 어떤 측면이 왜 아름다운지를 특정하기가 힘들다. 표현력이 부족할 때 우리는 그저 어떤 긍정적인 대상을 뭉뚱그려 '아름답다'라고 말하고 만다. 그러니 나는 차라리 대지와 공동체가 '어떻게' '어떤 이유로' 아름다운지를 상술하는 편이 나았을지도 모르겠다.

그러나 내가 그 단어를 가급적 쓰지 않으려고 노력하는 진짜 이유는 다른 데 있다. '아름다움'은 대체로 거짓말을 많이 하기 때문이다. 가령 '대지'는 정말 아름답기만 할까? 매년 씨를 뿌리고 거두기를 반복하며 살아야 하는 안토니아는 풍요의 여신일까 대지의 노예일까? (지구에 사는 한 우리 모두가 예찬해 마지않는) '생명'은 또 어떤가? 그것은 생명을 가진 것들 입장에서는(자기 보존에 유용하므로) 아름다울 수 있을지 몰라도, 우주 전체의 입장에서는 쓸데없는 열기(엔트로피의 법칙에 따라 언젠가는 소진되고 말) 같은 건 아닐까? 물론 나는 이런 강박적인 의심을 아도르노에게서 배웠다. 아도르노는 『한 줌의 도덕』에서 이런 말을 한 적이 있고, 나는 언젠가 그것을 읽었다. 그러고는 그 말을 비평 행위의 금과옥조로 삼고 말았다. 이후로 나는 모든 아름다운 것들을 의심한다.

> 활짝 핀 나무조차 거짓말을 한다. '얼마나 아름다운가'라는 순진한 표현도 다르게 존재하는 현존재의 치욕에 대한 핑계가 되기도 한다. (테오도르 아도르노, 『한 줌의 도덕』, 최문규 옮김, 솔, 2000, p. 37).

아름다운 것, 가령 활짝 핀 나무 같은 것으로부터 우리가 느끼는 '아름다움'도 아도르노에게는 일종의 이데올로기(개인이 세계와 맺는 '상상적' 관계)였던 모양이다. 왜냐하면 도구적 이성이 지배하는 우리의 삶은, '아름답다'라는 말이 지시하는 어떤 상태에 비하면 항상 치욕스럽기 때문이다. 한때 좌파들이 사회적 전망의 붕괴와 함께 대거 생태주의자로 전향했던 사정, 그보다 더 오래전 사대부란 자들이 정치적 좌절을 이른바 '안빈낙도'로 보상받았던(그것은 정신승리가 아닌가) 사정도 그렇게 이해할 수 있겠다. 아름다움은 대상의 속성보다는 주체의 (왜곡된) 상태를 표현하는 말에 가깝다.

지난 글의 논지를 번복하고 있으니 안토니아에게는 미안한 말이지만, '여성적인 것이 세계를 구원할 것이다' 유의 여성성 찬양(괴테, 캠벨)도 마찬가지다. 과장되게 찬양받는 여성성에 맞서 아도르노는 서슴없이 이런 말도 한다. "여성적 성격을 주조해내는 이상적인 여성상은 남성사회의 산물이다. 왜곡되지 않은 자연의 형상은 그 반대인 왜곡에서 비로소 생성된다", "본능에 근거한다는 모든 유의 여성성이란 항상 모든 여성이 폭력적으로—즉 남성적인 폭력으로—강요당해야만 했던 것이다. 여성은 남성이다"(『한 줌의 도덕』, p. 136).

본능과 자연에 합치한다는 여성성이 남성성의 산물이고, 따라서 여성은 남성이라니…… 저 독한 말들을 안토니아의 공동체에 적용하면 어떻게 될까? 법보다는 자연의 섭리와 유사한 여성적 리듬, 대지에 풍요를 선사하는 지모신의 모성, 인간의 희로애락과는 무관하게 무한히 진행하는 자연의 순환운동…… 만약 그런 위대한 가치들의 기원이 훼손 이전의 자연 자체(그리고 여성)에 있는 것이 아니라, 이미 도구적 이성과 폭력적 남성성에 의해 왜곡되어버린 세계의 상관물로서 '발명된' 것이라면……? 안토니아의 공동체는 아름다운 만큼 참으로 허약하다.

상상된 게토에서

사실 이런 의심은 충분히 합리적이다. 상기해보면 전쟁 직후에 설립되어 최소한 1980년대까지 이어지고 있는 것으로 보이는 안토니아의 공동체에는 달력도 시계도 없었고, 그 흔하디흔한 전화기도 자동차도 없었다(농기구는 있다). 게다가 마을의 이름도 불명확하고, 지리적으로 어디에 속해 있는지에 대한 정보도 없다. 말하자면 그녀의 공동체에는 구체적인 시공이 없다. 그런 점에서는 <프라이드 그린 토마토>의 '휘슬스톱 카페'도 마찬가지인데, 늙은 화자 니니의 회고는 구체적인 시간과 공간 속에 존재한 적이 있었던 실제의 장소에 대한 기억이라기보다는, 한때 존재했다가 사라진(실은 존재하지 않았을 수도 있는) '아름다운' 공동체에 대한 (얼마간 과장되고 미화된) 향수의 산물로 들릴 때가 많다.

바로 그 점이 휘슬스톱 카페와 안토니아의 농장에 유토피아적 계기를 부여한다는 것은 맞는 말이겠지만(가능했거나 가능할 다른 세계에 대해 상상하게 함으로써 오늘날 우리의 삶을 추문으로 만들어놓는 위력!), 그렇다고 해서 그렇게 상상된 공동체가 우울증의 소산이 아니라고 할 수는 없다. 지젝에 따를 때 우울증자란, '존재하지도 않았던 것을 잃어버린 무엇으로서 소유하는 자'이기 때문이다. 존재하지 않았던 (아름다운) 것을 소유하는 방식은 한 가지뿐이다. 그것을 (나의 것으로서) 존재한 적이 있었으나, 이제는 영영 사라져버린(그래서 이제 누구도 소유할 수 없는) 어떤 것으로 만드는 것, 말하자면 훼손되기 이전의 자연이라거나 자연의 리듬과 일치하는 지모신의 섭리 같은 것으로 만드는 것이다.

안토니아의 농장과 루스의 카페가 위태위태해 보이는 것도 그런 이유 때문인데, 얼마간의 마술과 신화시대의 허구, 그리고 자연과 여성성이라는 이름의 대항이데올로기소로 지탱되고 있는 이 공동체들은 마치 고립된 섬처럼 '아름답고' 안쓰럽다. 왜냐하면 이 작은 공동체에서 한 발만 경계를 벗어나도, 현실 세계 속에서는 여전히 KKK단원들이 흑인들을 린치하고, 또 다른 프랭크 베넷이 아내를 구타하고, 또 다른 피터가 소녀를 겁탈하고, 전쟁은 일어나고, 도시로 떠난 빅 조지의 아들(아티스)은 개죽음을 당할 것이기 때문이다. 말하자면 세계는 여전히 남성처럼 구조화되어 있고, 두 공동체는 그저 게토처럼 그 안에 작은 해방 공간 하나를 만들어놓고 있을 뿐이다.

세계는 남자의 말처럼 구조화되어 있다

'세계는 남성처럼 구조화되어 있다'고 했거니와 이 문장은 '세계는 언어처럼 구조화되어 있다'라는 구조주의자들의 주장에서 가져온 것이다. 어떤 삼단논법이 가능할 듯하다. 서양적 사유 속에서 세계에 구조를 부여한 이는 신이다. 그는 '말씀'(word, 언어)으로 세계에 구조(빛과 어둠, 높음과 낮음, 뭍과 물, 가축과 들짐승, 남과 여)를 부여한다. 신이 자신의 형상에 따라 만든 피조물은 원초적 남자 아담, 그렇다면 아무래도 신은 남자 같다. 신의 성별을 둘러싼 기나긴 신학적 논쟁은 사양한다. 나로서는 다들 '아버지'라 부르는 신을 여성으로 상상하기는 무척 힘들다. 정신분석학자라면 신에게 '원초적 아버지'라는 이름을 붙여주었으리라(반고씨도 단군도 모두 남성이었으니, 동양적 사유라고 별반 다를까마는……). 그러니까 삼단논법은 이렇다. 말로 세계에 구조를 부여한 것은 신이다, 그런데 신은 남자의 형상을 하고 있다. 따라서 세계는 남자의 말처럼 구조화되어 있다.

굳이 기독교의 창조신화를 가져오지 않더라도, 가령 1960~70년대 한국 남성 작가들의 작품을 미투 이후의 관점에서 필사해보려 했던 내 제자(여학생)의 노고 같은 것을 상상해보면 될 듯하다. 어휘와 말의 체계를 새로이 고안하지 않는 이상, 필사는 불가능했다고 한다. 왜냐하면 수천 년 동안 말은 (편견과 독단과 몰이해로 가득한) 남성형이었고, 그 말에 따라 세계가 구조화되고 재구조화되기를 반복해왔으니까……

칸 영화제 황금종려상 | 여우주연상
아카데미 3개 부문 수상 여우주연상 | 여우조연상 | 각본상
그녀의 연주가 다시 시작된다!
The
PIANO
피 아 노
홀리 헌터 | 하비 케이틀 | 샘 닐 | 감독 제인 캠피온
12월 4일, 당신 생애 최고의 명작을 만난다!

이미지: 풍경소리 제공

그런 세계에 맞서 (신화와 자연의 힘을 빌려서라도) 해방구로서의 게토 한두 군데나마 얻는 일은 중요하다. 루스와 잇지의 휘슬스톱 카페, 그리고 안토니아와 다니엘의 농장이 '아름다운' 이유는 거기에 있다. 그러나 게토 밖의 세계는? 남성의 언어처럼 구조화되어 있는 세계의 나머지 전체는? '텍스트 바깥은 없다'라고 말했던 이는 내가 신뢰하는 철학자 데리다, 실로 세계가 언어처럼 구조화되어 있고 그 바깥은 없다면, 그 안에서 자신의 언어를 갖지 못한 여성은 어떻게 말할 수 있을까?

그것은 나의 혀

'여성은 말할 수 있을까?' 아마도 제인 캠피언 감독이 영화 <피아노>의 무대를 19세기 말 빅토리아 시대의 뉴질랜드로 삼고, 주인공 에이다를 '자발적 실어증자'로 등장시킨 이유도 이 질문을 염두에 두었기 때문인 듯하다. 영국사(아마도 남성 사가들의 역사)는 이 시기를 복원해야 할 황금기로 기록하지만, 실제로는 이 시기가 영국이 가장 제국주의적이고 폭력적이었던 시대였다는 사실을 아는 사람은 다 안다. 더욱이 여성에게는 지극히 위선적인 방식으로 각종의 규율 장치들이 그들의 심신 모두에 작동하던 시기였다. 에이다가 입은(결국 베인스가 하나하나 벗게 만드는) 코르셋과 여러 폭의 겹치마는 바로 그 규율 장치들이 예절이나 도덕이라는 이름으로 여성의 신체 위에서 어떻게 작동하는가

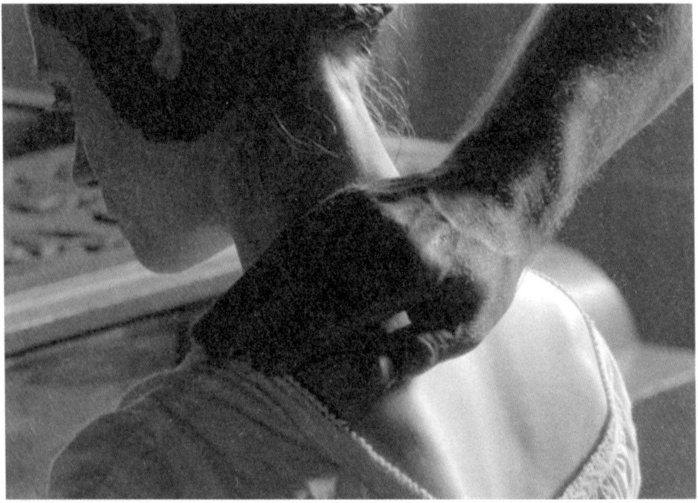

이미지: 풍경소리 제공

를 여실히 보여준다.

따라서 에이다가 자발적으로 실어증의 상태 속에 스스로를 유폐했던 것도 어찌 보면 당연하다. 빅토리아 시기 영국에서(실은 이후로도 오랫동안) 남성적인 언어 바깥의 언어는 없었을 것이다. 그럴 때 그녀는 자발적으로 입을 닫는다. 침묵 속으로의 자기 유폐, 그러나 그녀가 아예 말을 하지 않는 것은 아니다. 피아노가 그녀의 성대, 건반이 그녀의 혀다. 스튜어트의 숙모가 감지한 것처럼, 그녀의 연주에서는 '이상한 기운'이 흘러나온다. 언어로 할 수 없는 말, 말 너머의 말, 그러니까 그녀의 연주는 악곡을 악보에 따라 두드리는 단순한 행위가 아니라, 여성이 남성의 언어 바깥에서 '기를 쓰고 하(려)는 말'이다. 얼굴도 모르는 뉴질랜드 식민지 개척자 스튜어트에게 시집갈 때, 그 험한 기상과 지리에도 불구하고 그녀가 피아노를 포기하지 않았던 이유도 납득이 된다. 성대와 혀를 포기할 사람은 없으니까.

그렇다고 스튜어트가 놀부나 전두환이나 히틀러처럼 대놓고 악인인 것은 아니다. 그에게는 아내의 몸과 마음이 열리기를 기다릴 줄 아는 얼마간의 인내심도 있고, 노동을 쉬지 않는 성실함도 있다. 그러나 또 그렇다고 그가 '푸른 수염'('여성을 자르는 자'에 대한 이야기인 이 동화는 극중극의 형태로 영화 속에서 상연된다. 결국 스튜어트도 에이다의 손가락을 자르게 된다는 점을 고려하면 참 기지 넘치는 복선이다)이 아닌 것도 아니다. 왜냐하면 그는 에이다의 피아노 연주(말 너머의 말)를 들으려고 노력하지 않았고, 오히려 피아노를 베인스의 80에이커 땅과 교환했으며, 그녀가 불륜을 범했다는 이유로 질투에 불타 피아노를 부쉈고, 아내의 손가락(그것은 그녀의 혀)을 잘랐으며, 무엇보다도 총(남근이겠다)을 주고 식민지의 땅을 사들이는 제국주의자였으니까…… 따라서 성품에도 불구하고 그는 어쩔 수 없이 푸른 수염인데, 가부장적인 사회에서 여성의 목소리를 들으려고 부단히 노력하지 않는 대부분의 남성은 의지와 무관하게 저절로 푸른 수염이 될 수밖에 없다는 의미에서도 그렇다.

그러나 글도 모르는 무지렁이 원주민 베인스는 다르다. 그는 에이다의 연주를 (남성적 언어 바깥의 말이므로 아마 이해할 수 없었겠고 또 앞으로도 온전히는 이해할 수 없겠지만) 하염없이 듣는다. 겹겹으로 그녀의 신체를 포획하고 있는 빅토리아 시대의 도덕을 하나하나 벗게 하는 대신, 그럴 때마다 검은 건반 하나씩만큼 성대를 열어준다. 에이다가 자신이 원하는 (다분히 성적인) 행위를 허락할 때마다 스튜어트에게 땅을 주고 구입한 피아노 건반을 하나씩 돌려주겠다는 그의 거래는 그러므로 매매춘이 아니다. 그것은 그녀의 혀, 그는 에이다에게 말을 돌려주고 있는 것이다. 스튜어트의 도끼에 잘려 나간 그녀의 손가락 대신 금속 손가락을 만들어주는 것도 그다. 말하자면 베인스는 에이다의 사랑을 얻을 자격이 있는데(에이다는 피아노의 건반에 사랑의 말을 적어 그에게 보내려다 발각된다), 그는 빅토리아 시대

이미지: 풍경소리 제공

의 도덕 바깥에서 그녀에게 혀와 성대를 돌려주고, 부단히 그녀의 말을 들어주는 자다.

결말을 미리 말하자면, 영화는 해피엔딩이다. 그러나 그것은 신화 속 기성품을 모델로 게토에 마련된 해방구의 해피엔딩이 아니다. 상징적 죽음(그녀는 바다에 피아노를 매장해야 하는 순간 연결된 밧줄에 발을 들이밀었다가, 가까스로 물위로 부상한다. 상징적 죽음이자 언어적 세계로의 입사식이다)을 겪은 후 베인스와 영국으로 돌아간 그녀는 이제 말을 배운다. 베인스는 여전히 그녀 곁에서 피아노 연주를 듣는다. 여성의 혀가 남성의 말 속으로, 남성의 귀가 여성의 말 속으로 더듬더듬 들어서는 공동체…… 둘의 언어는 점근적으로 닮아간다. 둘이 만드는 그 공동체는 여전히 완성되지 않았지만 우리가 사는 이곳과는 '완전히 다른 곳,' 그때부터 지금까지 꾸준히 '도래하고 있는 공동체'다. 이 말을 한 번 더 쓴다. '아름답다.'

하녀를 사랑하고 싶어 하는 가족이 있다

<로마>, 알폰소 쿠아론, 2018

사랑이라니

지난 글에서 나는 아도르노의 아주 삐딱한 문장 하나를 인용했었다. 아름다움은 대체로 거짓말이기 십상이라는 그 문장의 경고에 따라 이미 몇 편의 페미니즘 영화 속 '아름다운' 공동체들을 의심하며 되돌아본 바 있으니, 내친김에 그의 문장을 한 번 더 인용해볼까 한다.

> 부엌 종업원을 사랑하고 싶어 하는 지식인이 있다. (『한 줌의 도덕』, p. 42)

386세대에 속하는 나는 저 문장을 통해 아도르노가 경계하고자 한 바가 무엇이었는지를 경험적으로 이해한다. (여성) 민중에 대한 (남성) 지식인의 사랑, 그것이 외부에서 주어진 당위의 영향을 받을 경우(민중이 세상의 주인이다! 지식인은 그들의 동지여야 한다! 등등) 그 마음은 자주 거짓말을

베니스
국제영화제
75
아카데미 수상 감독 알폰소 쿠아론
<그래비티> & <칠드런 오브 맨> 그 명성을 잇는다
로마
각본 • 연출
알폰소 쿠아론
12월 12일
일부 극장 상영
12월 14일
NETFLIX
participant media
ESPERANTO

이미지: 넷플릭스 제공

한다. 계급 차에서 발생한 동정과 연민과 죄책감, 노동하는 계급(여성)의 건강함에 대한 열등감과 동경, 그리고 그런 감정들 이면에서 여전히 작동하는 지적 우월감과 '구원자/남성' 콤플렉스…… (남성) 지식인은 그 마음을 '사랑'이라고 부른다. 그러나 그런 마음은 대체로 허위이거나 착각일 때가 많은데, 아도르노가 '사랑하는'이라고 하지 않고 '사랑하고 싶어 하는'이란 표현을 택한 것도 그런 이유일 것이다.

물론 아도르노가 남성 지식인들더러 하층 계급에 속하는 여성을 사랑하지 말라는 의미로(그는 그렇게 단순한 사람이 아니다) 저 말을 했으리라고는 생각하지 않는다. 『부정변증법』의 저자답게 항상 회의하고 의심하기를 마다하지 않았던 그는, 저 문장으로 '사랑'이라는 감정의 '다른 효과'에 대해 경고하고 싶었던 듯하다. 이른바 '사랑의 연대' 혹은 '부르주아 휴머니즘'이라 불리는 이데올로기가 그것이다.

(그 내포가 너무 넓어서 실상 별다른 의미가 없다고 봐도 무방한 단어인) '사랑'은 많은 균열과 차별을 봉합해버리고서는, 우리로 하여금 마치 어떤 바람직한 '연대'가 이미 현실 속에서 실현되기라도 한(할) 것처럼 상상하게 만드는 경우가 잦다. 그러나 조금만 삐딱하게 살펴보면 그런 연대에는 빈틈이 있게 마련이다. 가령 영화 <프라이드 그린 토마토>에서 잇지와 루스가 만든 사랑의 연대에 버밍햄에서 개처럼 죽어간 원작 소설 속 빅조지의 아들 이야기는 끼어들 자리가 없다. 안토니아와 타자들이 연대해 만든 공동체에는 유

색인종이 없고(<안토니아스 라인>), 베인스와 에이다가 새로 꾸린 런던의 집은 부유한데 그들을 누가 부양하는지는 알기 힘들다(<피아노>). 사랑은 분명 사람들을 연대하게 만들지만, 그 연대는 항상 어떤 누락분을 남기는 것도 같다.

1971년 멕시코

평자나 관객들이 '숭고한 가족애' '버림받은 여성들의 연대' '헌신적인 사랑의 위대함' 같은 찬사를 아끼지 않았던 영화 <로마> 이야기를 하려다가 서두가 좀 길어졌다. 아도르노의 문장을 염두에 둔 채, 이제 영화 얘기를 해보자. 무대는 1971년경의 멕시코, 중상층 계급(주로 스페인어를 사용하는 백인들로 이루어진)이 모여 사는 멕시코시티의 부촌 '로마'다. 당시의 멕시코를 가급적 온전히 재현하기 위해 쿠아론 감독이 공들여 고안한 영화적 장치들이 우선 눈에 띈다.

복잡한 음향: 프레임 내 상황과 유관하거나 무관한 소음들이 끊임없이 인물들의 감정, 멕시코의 정치 상황 등을 '청각적으로' 감각하게 한다. 거리의 소음, 총소리, 군악대 행진 소리, 정치 선전 중인 확성기 소리, 멕시코시티 번화가의 호객 소리 등등. 미메시스적 음향과 디에게시스적 음향의 경계는 사라지게 되고, 덕분에 관객은 1971년의 혼란스러운 도시 멕시코시티에 있는 듯한 경험을 우선 귀를 통해 하게 된다.

이미지: 넷플릭스 제공

완벽한 미장센의 흑백 화면: 카메라는 주로 주인공 클레오를 전경에 두고 소설의 1인칭 관찰자 시점처럼 그녀를 따라다닌다. 그러나 전경 뒤, 아웃포커싱된 중경과 후경에서도 영화의 아주 중요한 정보들이 계속 등장한다. 카메라는 느리게 수평으로 이동하는 경우가 많고(롱테이크 장면들이 대부분이다. 특별히 후반부 바다에서의 구출 장면은 압권이다), 따라서 관객들은 프레임 안에 배치된 모든 요소들을 눈여겨봐야 한다. 가령 아이를 사산한 클레오가 침대에 누워 고통스러워하고 있는 전경 뒤로 강보에 싸여 사체 처리되는 태아의 모습은 이 영화에서 가장 슬픈 장면이다.

시각적 은유와 상징들: (여주인 소피아 역을 제외하고는) 모든 역할을 현지 주민들에게 연기하게 함으로써 다큐멘터리를 방불케 하는 리얼리티를 확보했음에도 불구하고, 이 영화에는 곳곳에 시각적 은유와 상징들이 즐비하다. 특히 권위주의적인 정권의 폭압성을 암시하는 총과 칼, 남성성을 상징하는 부피 큰 금속 광택의 자동차, 생생하게 삽입된 '성일 축제 대학살'(1971년 6월 10일) 장면, 하늘 위로 날아가는 비행기와 클레오의 숙소 벽에 걸린 새장 속 비둘기, 땅 장면에서 시작해서 하늘 장면으로 끝나는 수미쌍관의 앵글 구성 등등.

요컨대 <로마>는 '영화적으로' 거의 완벽하게 구현된 1971년의 멕시코 속으로 관객을 데려간다. 그리고 거기 클레오와 소피아가 산다. 여주인과 하녀, 그러나 공히 남성에게 버림받은 두 여성……

사랑해 클레오

원주민 출신 하녀 클레오는 자신을 임신시킨 연인 페르민에게 버림받았고, 백인 여주인 소피아는 남편 안토니오에게 버림받았다. 둘에게 그와 같은 일들이 일어나는 시기도 동일하다. 클레오가 자신이 임신했고 페르민이 떠나버렸음을 소피아에게 알리던 순간, 소피아의 결혼 생활도 남편의 이혼 통보와 함께 최종적으로 파탄 난다. 그 둘이 상처를 극복하고자 네 아이와 가족 여행을 떠났다가, 휴양지 바닷가에서 사고를 겪은 후 더더욱 단단해진 가족애로 뭉쳐 돌아오게 된다는 이야기가 영화의 간단한 줄거리다.

그러나 둘의 관계가 하녀와 여주인이었다는 사실만으로 (흔한 영화적 클리셰를 따라) 소피아의 가족들과 클레오 사이에 어떤 착취나 음모 관계가 있었을 거라고 상상해서는 곤란하다. 소피아의 가족들이 클레오에게 가장 많이 하는 말, 그것은 "사랑해"니까…… 클레오가 임신 사실을 알리며 "저를 해고하실 거죠?"라고 물었을 때도, 툭스판에서 파도에 휩쓸릴 뻔한 파코를 구해주었을 때도, 병원에서 죽은 아이를 출산했을 때도, 소피아의 가족이 그녀에게 하는 말은 "사랑해 클레오, 너는 우리 가족이야"다. 그리고 그들의 표정으로 미루어 볼 때 그 말에 거짓은 없다.

그랬으니 이 영화를 본 많은 관객들이 '가족애'나 '사랑' '헌신' '감사' 같은 말들로 관람 후의 감동을 표현했던 것은 자연스럽다. 분명히 소피아의 가족들은 클레오를 사랑했다. 그것도 아주 많이…… 그러나 나로서는 그 사랑이 '모순적'이었다는 점을 지적하지 않을 수가 없는데, 이 영화가 (기꺼이 가족 이데올로기의 전파자가 되기를 마다하지 않은) 다른 가족 영화들을 뛰어넘는 지점이 바로 거기 있다고 믿기 때문이다. 가령 이런 장면이 있다. 소피아의 어머니인 테레사가 (시위대를 진압하는 페르민의 총구 앞에서 양수가 터져버린) 클레오를 데리고 병원에 간다. 접수대의 간호사가 클레오의 정식 이름과 보호자와의 관계를 묻는다. 테레사는 클레오의 중간 이름을 모르고 관계에 대해서는 최종적으로 '고용인'이라고 답할 수밖에 없다. 물론 생년월일도 말하지 못한다.

일원의 정확한 이름과 나이를 모르는 가족이 있을 수는 없다. 그것도 사랑한다면…… 따라서 간호사의 마지막 대사는 그들의 '가족애'가 모순적이라는 사실을 좀 집요하게 드러내고야 마는데, 저 상황에서 "환자 가족분은 여기 없나요?"라는 말에 대한 답은 어쩔 수 없이 "예"여야 할 것이기 때문이다. 테레사도 소피아도 아이들도 분명 클레오를 가족'처럼' 사랑했다지만 그들의 사랑은 이렇듯 '(부르주아) 휴머니즘'의 한계를 벗어나지 못한다. 그들의 사랑은 가난한 원주민 소녀에 대한 동정과 연민 그 이상도 이하도 아니다.

비슷하게 모순적인 장면들은 더 있다. 가령 (안토니오를 포함해) 여섯 가족이 화목하게 TV를 보고 있던 장면에서, 아이들은 마치 한 가족의 일원이기라도 한 것처럼 클레오와 나란히 앉아 어깨동무를 하고 있다. 그러나 이 장면의 평화는 소피아가 클레오에게 남편의 차 한 잔을 부탁하면서 깨진다. 방금까지 가족의 일원이었던 클레오는 순식간에 하녀였음이 재확인된다. 사고를 겪고 돌아온 집에서도 마찬가지다. 페페와 소피가 할머니 테레사에게 클레오가 자신들을 구해줬다며 모험담을 늘어놓는다. 그들은 돌아오는 차 속에서도 클레오에게 안겨 "클레오 사랑해"를 연발했던 참이다. 그러나 그 말의 여운이 채 끝나기도 전에 토뇨는 클레오에게 스무디가 먹고 싶다고 말한다.

사실 이런 모순적인 장면들은 영화 곳곳에서 연출되는데, 그럴 때 쿠아론 감독은 마치 앞서 인용한 문장을 쓸 때의 아도르노 같다. "하녀를 사랑하고 싶어 하는 부르주아 가족이 있다"라는 문장의 삐딱한 의미('그건 사랑이 아닐걸!' 혹은 '사랑이란 고작 그런 것일걸!')를 영화적으로 예증이라도 하려는 듯, 그는 "사랑해!"라는 말 다음에 어김없이 "이제, 일해!"라는 말로 해석될 만한 장면들을 배치해놓는다. 아니 엄밀히 말해 영화 전체가 그렇게 모순적인 장면들의 체계로 읽히기도 하는데, 복도(차고이기도 하다)를 청소하는 클레오의 노동에서 시작해, 여행에서 돌아오자마자 음료를 만들고 빨래를 널러 옥상에 올라가는 클레오의 뒷모습으로 영화가 끝날 때까지, 관객들이 가장 많이 보게 되는 것

이미지: 넷플릭스 제공

이 바로 끊임없이 일하는 클레오의 동선이기 때문이다. 클레오는 아침부터 밤까지 집안의 모든 일을 한다. 사랑받는, 그러나 어쩔 수 없이 하녀인 원주민 소녀, 그녀가 클레오다(아델라를 빼먹을 뻔했다. 스페인어를 못 하는 이 원주민 소녀는 아예 주인집 내부에 출입할 자격도 얻지 못한다).

"리보를 위하여"

영화의 마지막 자막은 헌사다. "리보를 위하여." 리보는 알폰소 쿠아론 감독의 소년 시절 그를 돌봐주었던 실제 하녀의 이름이라고 한다. 클레오는 그녀를 모델로 한 인물인데, 이 자전적인 영화를 쿠아론 감독은 그녀에게 바쳤다(시상식에도 그녀와 동석했다고 한다). 감동적인 일화다. 그러나 만약 그가 이 영화 속에서 클레오를 향한 가족들의 사랑을 모순적이지 않게, 완벽한 가족애의 모델로 그렸다면 나는 감동할 수 없었을 듯하다. 허울 좋은 사랑의 연대란 실은 값싼 휴머니즘의 다른 말에 불과하다는 사실을 오래전 아도르노에게 배웠으니까……

자신이 고작 사랑이나 휴머니즘의 한계 내에서만 그녀를 사랑했고 가족으로 대했음을 고백하는 방식으로 쿠아론 감독은 이 영화를 만들었고, 그 영화를 그녀에게 바쳤다. 그래서 나는 (이 영화의 포스터가 된) 바로 그 바닷가의 포옹 장면을 무척 좋아하는데, 이유는 간단하다. 클레오가 가족의 중심에 있기 때문이다. 가족의 뒤편으로 (마치 그들이 남성 없이 겪어나가야 할 1970년대 멕시코의 험한 풍파라도 되는 것처럼) 거센 파도가 밀려온다. 방금 사력을 다해 아이들을 구한 클레오가, 사산한 자신의 아이에 대한 죄책감을 고백하며 앉아 울고 있다. 그리고 그녀를 '중심으로' 소피아와 아이들이 그녀를 안거나 그녀에게 안겨 있다. 마치 이 가족의 중심엔 그녀가 있다는 사실을 인정하기로 결정했다는 듯이……

가족의 중심이 된 클레오…… 주인네 가족을 먹이고 입히고 재우고 살린 사람은 하녀 클레오였고, 주인과 노예는 그런 식으로 자리바꿈을 했다. 이제 생각해보니, '가족애'나 '사랑'보다는 헤겔의 그 유명한 '주인과 노예의 변증법'이 이 영화를 보는 더 나은 독법일지도 모르겠다.

주인hôte과 기식자parasite

<기생충>, 봉준호, 2019

주인과 노예

좀 따분해지겠지만, '주인과 노예의 변증법'이란 말을 뱉고 말았으니 그 이야기를 잠깐 해볼까 한다. '주인과 노예'는 헤겔의 『정신현상학 1』(심각하게 저자의 정신증을 의심해 보게 할 만큼 편집증적인 이 책을 나는 다 이해했다고 말할 수 없다)의 4장 '자기확신의 진리'에서, 스토아학파와 회의주의를 논할 때 등장한다. (자신 없지만) 내 방식으로 성기게 요약하면 이렇다.

('자기의식'들 간에) 주인의 자리를 두고 목숨을 건 인정 투쟁('자유냐 목숨이냐')이 일어난다. 목숨을 걸고 싸워 이긴 자는 (목숨을 걸었으나 이겼으므로 살아남아) 주인으로 인정받고, 죽음의 공포 앞에서 물러선 자는 (목숨을 걸지 않았으므로 살아남아) 노예로서 예속된다. 목숨을 걸지 못한 그들은 목숨을 걸었던 인정 투쟁의 승자를 주인으로서 '인정'한다. 그때부터 노예는 사물의 생산과 보존에 관계하는 노동

FESTIVAL DE CANNES
PALME D'OR
행복은 나눌수록 커지잖아요
송강호 이선균 조여정 최우식 박소담 장혜진
2019 봉준호 감독 작품 | 5월 30일 대개봉
기생충

이미지: CJ ENM 제공

을 해야 하고, 주인은 그렇게 얻어진 사물을 향유할 수 있게 된다.

그러나 이와 같은 주인과 노예 관계는 필연적으로 역전될 수 있는데, 그 이유는 우선 '동등한 자기의식'에 미치지 못하는 노예에게서 주어지는 인정은 그다지 값어치가 없어서 주인에게 그다지 주인됨의 자부심을 주지 못하기 때문이다. 그것은 마치 내가 전쟁광 영화 <람보> 시리즈에 깊은 감명을 받았다는 관객에게 인정받는다고 해서 주인된 자로서의 자부심을 느끼게 될 리가 없는 것과 같은 이치다(가령 나는 켄 로치 감독의 영화에 대해 나보다 더 많은 것을 이해하고 있는 관객에게 '인정'받고 싶다).

게다가 노동이 있다. 노예는 노동을 통해 사물과 직접 관계를 맺지만 주인은 이제 노예의 노동을 매개로 해서만 사물과 관계를 맺을 수 있다. 말하자면 주인이 되레 비자립적이게 되는 셈이다.

클레오는 하녀였지만

영화 <로마> 속, 1971년경 멕시코시티의 부촌 로마에서도 그런 일이 일어났던 듯싶다. 클레오는 하녀였지만, 그녀의 노동이 소피아네 여섯 가족을 부양했다. 그녀 없이는 넥타이 하나 찾을 수 없는 안토니오가 "내 갈색 넥타이는 어디 있는 거야?"라고 묻자 소피아는 "클레오에게 물어볼게요"

라고 답한다. 이들이 소피아의 가족이다. 고작 넥타이만이 아니다. 그들이 먹고 마시는 모든 것이 아델라와 클레오의 손에서 만들어진다. 식탁도 그들의 손으로 치워지고, 잠자리 정리도 아이들 등하교도 개똥 청소도 모두 그 둘 몫이다.

내겐 영화 전체를 통틀어 두번째로 인상적이었던 장면이 (가장 인상적이었던 것은 물론 바닷가에서의 구출 장면이다) 바로 도입부의 옥상 장면이었는데, 쿠아론 감독이 온 동네 저택들의 옥상에 가득 널어놓은 빨래와 그것을 널고 있는 많은 하녀들의 모습을 미장센의 아름다움만을 위해 그토록 오래 보여주었다고는 믿기 힘들다. 마르크스의 철 지난 테제를 인용해보자면, 그 하녀들이 실은 로마의 '상부구조를 결정하는 토대'다. 백인 부르주아들은 그들의 노동에 기생하는 기식자parasite들이다.

게다가 클레오는 목숨을 건 투쟁에서 승리하기까지 했다. 자신의 목숨을 던져 소피를 구했으니 이제 '인정'은 클레오의 몫이다. 영화 후반부의 인상적인 바닷가 포옹 장면, 가족들의 중심에 목숨을 걸고 소피를 구한 클레오가 있고, 소피아와 그녀의 아이들이 모두 클레오 쪽으로 의지해 있다. 주인과 노예의 자리는 그렇게 역전되었다.

혁명과 폭주기관차

거꾸로 선 헤겔을 바로 세운 사상가라는 별명답게, '주인과 노예의 변증법'을 급진화한 것은 마르크스다. 그는 세계의 역사는 계급투쟁의 역사였다고 말했는데, 그 말은 주인과 노예의 단속적 자리바꿈이 역사의 동력이었다는 말과 다르지 않다. 게다가 그는 그 피비린내 나는 자리바꿈의 역사를 끝낼 수 있다고 믿었다. 프롤레타리아트는 이 땅의 마지막 노예, 그들이 일으킬 혁명을 통해 노예와 주인의 변증법은 완전히 실현됨으로써 정지될 것이다. 마르크스주의는 그렇게 더 이상 노예의 인정이 필요 없는 주인들만 사는(왜냐하면 주인인 그들에게 노동이란 위임받은 '노역'이 아니라 인간의 유적 본질을 실현하는 자립적 행위이기 때문이다) 세상을 약속했다.

그러나 다 말짱 헛말이었다. 설사 마르크스의 이론 속 사회주의와 현실의 사회주의를 구분해야 한다는 지적에 완전히 동의한다고 하더라도, 예견된 혁명은 일어나지 않았고(마르크스주의 역사가였음에도 불구하고, 홉스봄은 20세기에 일어난 거의 대부분의 혁명이 양차 대전의 부산물에 불과했다는 식으로 말한다), 봉인 해제된 사회주의의 모습은 초라했다. 그리고 거기에도 주인과 노예는 있었다.

그렇게 소비에트 연방과 동구권에서 기이한 형태의 사회주의가 실험되고 있던 사이, (대공황 같은 우여곡절이 없지는 않았지만) 폭주기관차처럼 잘 달리고 있었던 것은 오히려 마르크스가 필망을 예고했던 자본주의 시스템, 특히 양차 대전 후의 신자유주의였다. 그런데 각종 통치 테크놀로지

들을 하나씩 개발하고 수리해서 잘도 장착한 이 폭주기관차가 승승장구할 수 있었던 것도 '주인과 노예의 변증법' 덕분이었다는 사실은 아이러니하다. 다만 정통 마르크스주의에서와 차이가 있었다면, 이 기관차는 변증법을 종결시키려고도, 만인이 주인이 된 세상을 향해 달리려고도 하지 않았다는 점이다. 그리고 봉준호 감독이 <설국열차>에서 (다소 도식적으로) 보여주고 싶었던 것이 바로 그 종착지 모르는 폭주기관차, 신자유주의였다.

반란도 좋지

꼬리 칸에서 혁명이 일어난다, 실패하면 기차는 잘 달린다. 당연한 말이지만, 노예들의 반란이 진압될 경우, 혁명은 오히려 적절한 인구 조절을 가능하게 할 것이고, 사회 구성원들로 하여금 절대 평등이 불가능함을 확인하게 할 것이고, 또 반란 예상 계급에 대한 경계심을 강화하는 데에도 쓸모가 있을 것이기 때문이다(영화 속 꼬리 칸의 성자 길리엄과 머리 칸의 지배자 윌포드가 공조 관계였다는 사실은 중요하다. 좀 뻔한 설정이기는 하지만).

그러다 얼마 지나면 꼬리 칸에서 혁명이 다시 일어난다. 이번 혁명은 성공한다 치자. 그러나 그렇다 해도 기차는 (더) 잘 달린다. 혁명을 통해 맨 앞 칸의 주인이 바뀌어도 엔진은 멈추지 않을 테니까…… 늙은 기관장(노쇠한 숲의 왕)의 자리에 젊고 용맹한 하층 계급 출신 기관장이 앉는다면,

오히려 기차는 새로운 왕을 맞이한 숲처럼 건강해질 테니까……(그래서 윌포드가, 마치 왕위를 넘겨주려 기다렸다는 듯 커티스를 반긴다는 사실도 중요하다. 역시 좀 뻔한 설정이긴 하지만).

그렇다면 이 기차에서는 누가 주인이고 누가 노예인가? 커티스(크리스 에번스)도 윌포드(에드 해리스)도 아니다. 맨 앞 칸에 거대한 엔진을 단 기차가 주인이다. 그리고 그 주인에 반하는 행위도 그 주인에 복종하는 행위도 이 엔진을 멈추지는 못한다. 주인과 노예의 자리바꿈을 정지시키기보다 아예 전진의 동력으로 내재화시켜버린(그래서 저항이 곧 체제 유지에 협조하는 일이 되어버리는) 시스템을 정지시킬 수는 없다. 그 바깥으로 뛰어내리는 방법밖에……

그래서 <설국열차>의 결말부, 봉준호 감독이 선택한 것이 이른바 '탈주'였다는 점도 이해가 간다. 커티스와 남궁민수(송강호)의 희생에 힘입어 동양 소녀(고아성) 한 명과 흑인 소년 한 명이 기차 밖으로 탈출하는 데 성공한다. 아직 지구는 너무 춥지만, 양지에서 눈은 녹기 시작하고 북극곰은 살아 있다. 세계는 그렇게 살아갈 만하고 다시 시작할 만하다. 참 '아름다운' 영화적 결말이다. 하지만, 알다시피 나는 염세주의자 크룩핑거(<안토니아스 라인>)의 사도, 그런 결말은 전혀 믿지 않는다. 우리는 결코 기차에서 내리지 못할 테니, 다른 변증법이 필요하다.

기식 경제

주인과 노예의 변증법을 '주인hôte과 기식자parasite'의 변증법으로 변형시킨 이는 프랑스의 철학자 미셸 세르다. 그는 『*La Parasite*』(기생충, 식객, 기식자, 걸식하는 어릿광대 등으로 번역될 수 있다)라는 책을 썼고, 그 제목은 (다들 어찌나 많은 이야기들을 쏟아냈는지 이제 더 할 이야기도 없을 것 같은) 봉준호 감독의 영화 <기생충>의 영어 제목과 같다.

나는 봉준호 감독이 저 책을 읽었는지 알 수 없고, 또 짧은 지면에 그 책의 논지를 요약할 계재도 아니다. 다만 동익(이선균)네 가족이 이사 오기 전, 그 집에는 문광(이정은)과 근세(박명훈)가 먼저 살고 있었다는 점 정도는 지적하고 싶다. 물론 주인으로서 살지는 못하고, 훔쳐 먹거나 좀 먹으면서, 말하자면 쥐처럼 기식하면서 살기는 했지만 말이다(이 영화에서 모든 인물들은 동익네 가족을 제외하고는 다 쥐처럼 그려진다. 특히 다송의 케이크 트라우마 장면에서 근세는 어찌나 쥐처럼 그려지던지…… 어둠 속의 그 눈과 사족보행!). 그렇게 볼 때 <기생충>의 서사는 간단히 1차 기식자와 2차 기식자의 갈등으로 인해 행복한 기식의 시절이 처절하게 끝나는 이야기로 요약된다. 이 사회에서 (가난 냄새가 나고 자주 선을 넘는) 기식은 죄악이니까……

그러나 비약을 무릅쓰고 말해, 그들의 기식이 성공적이었을 때(집이 비었거나, 새로운 기식자들이 그들의 존재를 몰랐을 때) 그 집에는 지금 이 사회와는 다른 경제 원리가 작동하고 있었다. 세르가 말하는 이른바 '기식 경제'가 그것이다. 기식자는 노동하지 않고 대가를 지불하지도 않는다. (그들의 존재를 알거나 모르는) 주인은 그들에게 대가를 바라지 않은(못한) 채 부의 일부를 무상으로 증여한다. 그러니까 이 경제에서는 '눈에는 눈만큼' '이에는 이만큼'의 (자본주의에 고유한) 등가교환 논리가 작동하지 않는다. 일하지 않는 자도 먹고사는 것이 기식의 경제다. 그런 의미에서 동익과 연교(조여정)는 근세에게 '리스펙!'이란 소리를 들을 만하고, 기택에게 '좋은 분'이란 소리도 들을 만하다. (사정을 알았건 몰랐건) 그들은 기식 경제에서 주인의 자리에 있었고, 주인으로서 기식자들에게 (어리석음과 허영이 원인이긴 했지만) 환대를 베풀었기 때문이다.

태초에 증여와 기식이 있었다

그러나 문제는 '주인hôte'이라는 말이 가진 다의성이다. (세르가 자주 이 단어를 가지고 말장난하듯이) 프랑스어 'hôte'에는 '주인, 숙주'라는 의미와 '손님, 숙박객'이라는 의미가 다 들어 있다. 즉 주인이면서 식객인 자, 숙주이면서 기생충인 자가 'hôte'다. 어원 운운하며 말장난이 길어지는 건 원치 않는 바이니, 간단하게 이런 질문을 하나 던져봐도 좋겠다. 연교와 동익은 그 젊은 나이에 어떻게 그런 화려한 저택을 구매했을까?

세르가 기식의 가장 전형적인 모델로 라퐁텐 우화 중 하나

이미지: CJ ENM 제공

인 「도시 쥐와 시골 쥐」를 인용한 점은 흥미로운데, 도시 쥐가 기식하는 집의 주인은 세금 징수업자였다. 동익이 악랄한 갈취자였다고 말하려는 것이 아니다. 그 역시 자본주의 사회에서 살아가고 있는 한, 누군가의 노동력에서 발생한 생산물로부터 잉여 이득을 취하지 않고서는 그토록 큰 부를 쌓을 수는 없었으리라는 점을 강조하려는 것이다. 그러니까 좋은 주인들인 그들 역시 기식자다.

그런데 따지고 보면 지상에 기식자가 아닌 (무)생명체가 있을까? 혹자는 대지에서 노동하는 자들이야말로 진정한 생산자라고 말하지만, 농사란 식물에 기생하는 일이 아닐까? 그렇다고 식물이야말로 아무런 대가 없이 증여하는 주인이라고 하자니, 식물은 땅에 기생하지 않던가? 그러고 보니 땅의 영양은 어디서 오나? 비는 왜 내리나? 최종적으로 태양계 내에서 기식하지 않는 존재는 없다. 오로지 태양만이 진정한 의미에서 기식하지 않는 주인이다. 그마저 태양계 내에서만 그렇다는 얘기다.

그러니까 태초에 있었던 것은 교환의 경제가 아니었다. 태초에 (태양의) 증여와 기식이 있었다. 그것도 쉽게 사라지지 않고 오랫동안 있었는데, 내가 알기로 오디세우스도 칼립소의 섬에서 오래 기식했고, 그의 이야기를 노래로 남긴 호메로스도 기식자였다. 레오나르도 다빈치도, 미켈란젤로도, 루소도, 오스카 와일드도, 이상도 기식자였다(떠오르는 대로 예술가들의 이름을 기식자들의 명단처럼 나열해서 좀 그렇지만, 예술은 어쩌면 통째로 기식의 산물이 아닐까?). 뭐, 이 글을 쓰는 지금 문학평론가인 주제에 영화에 기식하고 있는 나도……

선을 넘지 마

태양으로부터 시작해 증여하고 기식하는 이 경제의 흐름은 언제 중단되는 것일까? 후원자들이 시장 속으로 사라지던 시절(증여보다는 교환이 남는 장사니까)? 그보다 더 거슬러 올라가 신이 율법을 내려 죄와 벌의 등가교환(뿌린 만큼 거두리라)을 엄포하던 시절? 아니면 함무라비 법전이 손해와 보상의 등가교환(이에는 이, 눈에는 눈!)을 정언명령으로 만들어놓던 시절? 선사시대의 모든 것들이 그런 것처럼 그 시기를 특정할 수는 없겠지만, 여하튼 법과 문명이 아주 오래전부터 기식의 경제를 못마땅하게 여겨왔던 것은 분명한 듯하다. 그토록 오래전부터 기식을 금하는 여러 장치들을 만들어왔으니 말이다. 차라리 이렇게 말해도 될 듯하다. 교환의 경제는 항상 증여의 경제를 압박하고 제거하는 형태로 존재해왔다.

그렇다면 이런 말도 가능하다. 교환의 경제가 지금처럼 막강한 시스템(다시 그 폭주기관차를 상기해보자)을 갖추기 위해서는 기식의 경제가 필요했다. 그것이 자주 선을 넘어(영화 속에서 동익네 가족이 가장 싫어하는 것이 이것이다) 쥐처럼 교환 경제의 시스템을 어지럽힐 때마다 사회는 시스템을 정비하고 보수하고 강화한다. 기식자의 등장(혹은 발견, 발명, 생산), 시스템의 강화(규율, 계획, 통계, 정책, 예방, 수용, 교육), 다시 기식자의 등장, 시스템의 강화…… 이 계속되는 순환 속에서 오늘날의 신자유주의 통치 테크놀로지가 등장했다면 기식자는 시스템에 대해 내재적이다.

물론 매 시기 발견되고 생산되는 기식자들의 명칭은 바뀔 수 있다. 광인, 부랑자, 넝마주이, 노숙자, 백수……(나는 이제 왜 박정희가 그토록 쥐들을 싫어했는지 이해한다. 눈도 못 뜬 새끼 쥐들의 꼬리라도 학교에 들고 가면 푼돈을 쥐어주던 시절이 있었다. 시스템과 효율 강박증자는 기식을 병적으로 참지 못한다). 그러나 그 명칭이 어떻게 바뀌든 기식은 시스템에 대해 구성적이어서, 기식 없이는 시스템도 없다.

잘 살아요 기택 씨

<기생충>의 결말은 기식자의 기생충화다. 이제 다국적 자본이 화목하게 지배하고 있는 그 집(아들 기우가 멀리서 바라본 거실의 실루엣으로 미루어 볼 때, 새로운 집주인은 외국인 가족이다) 지하실에서 기택(송강호)은 영영 빠져나올 수 없다. 교환 경제의 수호자 형법이 그를 기다리고 있기 때문이다. 나오는 순간 기택은 살인자다. 아들 기우(최우식)는 희망에 찬 편지를 쓰지만 편지를 쓰는 곳은 반지하 골방이다.

이미지: CJ ENM 제공

그러고 보니 우리 시대는 유서 깊은 기식자들의 역사에서도 가장 가혹하고 위협적인 시대임에 틀림없다. '백수'(하얀 손)라 쓰고 '한심한 건달'이라고 읽는 시대, '노숙자'(길에서 잠자는 사람)라 쓰고 '더럽고 냄새나는 주정뱅이들'이라 읽는 시대, '예술가'(기예와 학술에 종사하는 사람, 즉 탐욕스런 생산보다는 아름다운 소모에 대해 고민하는 사람)라 쓰고 '폼만 잡는 허황된 몽상가들'이라 읽는 시대가 우리 시대라는 걸 알 만한 사람은 다 안다. 그러니 기택 씨, 차라리 그 지하에서 (무엇이든 야금야금 갉아 먹으면서) 부디 편안하시라…… 기생충, 도시 쥐, 우리의 기택 씨! 이제 시대는 변해서 지하에서 그 위 상부구조를 결정하지는 못하겠지만, 항상 '저 아래'에 있다는 잠재의식처럼 건재하시라!

(n)……1111:1111……(n)

<어스>, 조던 필, 2019

'위'와 '아래'

다시 쿠아론 감독의 영화 <로마>의 한 장면…… 하녀 클레오와 소피아네 가족이 크리스마스 여행을 떠난다. 떠들썩하고 풍요로운 백인 부르주아들의 거실에서 나와, 개와 닭이 어지럽게 돌아다니는 돌계단을 한참 걸어 내려가면, 마을 농민들과 하녀들이 모여 따로 파티를 열고 있는 허름한 지하 주점이 나온다. 복장과 음식과 문화 등등, '위'와 '아래'는 무척 다르다.

봉준호 감독의 영화 <기생충>의 한 장면…… 비가 억수로 퍼붓던 그 밤, 전망 탁 트인 동익네(그 집에서는 짜장라면에도 큼직한 한우 덩어리를 넣어 먹는다) 저택에서 겨우 벗어나 자신들의 집으로 서둘러 돌아가는 기택 씨네 가족…… 오랫동안 앵글은 마치 비스듬히 기운 사각斜角 같은데, 왜냐하면 그들이 자신들의 반지하 방에 도착하려면 도로를, 계단을, 다리를 끊임없이 '내려가야' 하기 때문이다. 도착한 그들의 방은 이미 물에 잠겨 있고, 그나마 그 방에서 가장 높은 곳에 위치한(!) 변기마저 역류한다. 역시나 위와 아래는 그렇게나 다르다.

생각해보면 이렇듯 더럽거나 두렵거나 추한 것들은 항상 '아래'에 있다. 반면 위대하고 이상적인 것들은 모두 '위'에 있다. 그러나 엄밀히 말해 '위와 아래'의 이와 같은 위상학에 과학적인 근거 따위는 없는데, 무한하다는 우주의 어디를 기준으로 삼아야 높고 낮음의 위치를 가를 수 있는지 알 수 없고, 지구 또한 둥글어서 나와 정확히 대칭되는 남반구의 어떤 지점에 서 있는 한 사내는 지금 내가 아래라고 부르는 방향을 쳐다보며 저 높은 하늘이라고 말하고 있을 것이기 때문이다.

지구상에 있는 한 극복할 수 없는 선험적 조건으로서의 중력, 그것만이 이 위상학의 근거가 될 수 있을 뿐이다. 우리는 그저 우리를 (이 지긋지긋한) 지상의 세계에 붙잡아 두는 힘이 작용하는 방향을 '아래'라고 부른다. 그리고 이 힘이 맥을 못 추는 방향을 '위'라고 부른다. 그러고는 위쪽에 모든 영화로운 것들(신, 이상, 불멸, 무한 등등)을 올려놓고, 아래쪽에 모든 추하고 더럽고 불편하고 공포스러운 것들(죽음, 거인족, 괴물, 노예 등등)을 내려(혹은 묻어)놓는다. '위와 아래'의 위상학적 비유, 그것은 아주 오래된 것이어서, 가령 올림포스의 신들이 타이탄족을 감금한 곳도 아래고, 하데스가 죽은 이들을 지배하는 곳도 아래다. 신이 우리를 내려다보는 곳은 위이고, 이성의 빛이 몽매했던 중세인들을 비추는 것도 위로부터다.

거의 태곳적부터 유지되어온(왜냐하면 어느 문화권이든 태초에 신이 제일 먼저 하는 일은 위와 아래, 곧 땅과 하늘을 나누는 일이니까) 이 같은 위상학적 비유의 근대 판본들 중 가장 유명한 것이 마르크스의 이른바 '토대/상부구조'론이다. 토대가 상부구조를, 즉 아래에 있는 것(생산력과 생산관계, 곧 생산수단과 노동력과 계급구조)이 위에 있는 것(정치, 법, 이데올로기, 문화)을 결정한다. 위와 아래의 전도, 아래가 위를 틀 짓는 근거가 된다는 이 생각은 그래서 혁명적이다.

미국의 터널들

'아래'에 관한 영화 <어스>는 미국 대륙 밑에 존재하는 수천 마일의 정체를 알 수 없는 터널들에 대해 언급하면서 시작한다. 그러니까 이 영화는 미국의 밑, 즉 '아래'에 대한 영화다. 아니나 다를까, 자신의 그림자(레드)를 죽여야만 할 때, 애디는 '내려가야' 한다. 거울의 방(거기엔 간판에 자신을 발견하라는 문구가 쓰여 있다)을 통해 낡은 계단을 한참 내려간 후, 다시 무척 긴 에스컬레이터를 타고 더 내려가야 복제된 인간들의 지하세계가 나온다.

마르크스의 위상학적 비유에 따를 때, 그 아래는 물론 토대다. 조던 필 감독이 생각하는 미국 사회의 위상학도 그와 유사한 듯하다. 미국(흥미롭게도 영화 제목이 'US'다)에도 광범위한 '아래'가 있다. 아메리칸 드림과 가족 이데올로기가 지배하는 지상의 삶은 그 아래를 마치 존재하지 않는 것처럼 은폐하고 감춤으로써 유지된다. 특히 애디 가족과 레드(빨갱이라고 번역되기도 하는 이 단어가 감독이 이 지하세계의 복제인간 종에게 붙여준 의미심장한 이름이다) 가족이 처음 만났을 때 나누는 충격적인 대화는 미국이 아래에 무엇을 (마치 터널처럼) 감춰두고 있는지 여실히 보여준다. 레드가 조용조용, 그러나 어딘가 모르게 살의를 느끼게 하는 어조로, 지하에서 피 묻은 토끼의 날고기를 먹고, 손을 베게 하는 차가운 장난감을 가지고 놀고, 자라서는 사랑과 무관하게 결혼해 살아가게 되는 한 소녀의 일생을 이야기한다. 물론 그 소녀는 레드 자신이고, 지상의 풍요를 살아갔던 애디의 그림자다.

휴양지에 별장을 가지고 있고, 맘만 먹으면 충동적으로 보트 하나쯤은 구입할 수 있고, 산타크루스에서 며칠 정도 휴가를 즐길 수도 있는 부르주아 가족의 눈을 따라오던 관객들의 시선은 이제 그 안온한 삶 아래에 있는 가혹한 진실과 대면해야 한다. 복제 토끼의 날고기로 연명하면서 좀비처럼 어슬렁어슬렁 위의 삶을 흉내 내며 살아야 했던 저 아래의 사람들…… 그런 점에서 애디의 남편 게이브가 정체를 물었을 때, 레드가 한 대답은 의미심장하다. "우린 미국인들이야." 조던 필이 보기에 미국은 그렇게 위와 아래로 양분되어 있다. 그러나 그들은 서로 연결되어 있어서, 지상의 안온한 삶에 대해 지하의 비참한 삶은 구성적이다. 아래의 비참이 위의 안온의 조건이다.

1111:1111

그러던 차, 레드의 지도하에 오랜 준비를 마친 지하의 복제 인간들이 지상으로 올라온다. 지하의 비참이 지상의 안온을 침범한다. 물론 그들의 상승은 계급투쟁의 알레고리일 것이다(이 투쟁은 지상의 가족인 백인 최고층 계급 조시네 가족과 흑인 중상층 계급 게이브네 가족 사이에서도 벌어진다. 피 튀기는 혈투 끝에 자동차와 호화 별장은 결국 게이브네 것이 된다). 지상인과 지하인들의 투쟁은 헤겔의 주인과 노예의 투쟁보다도 살벌하다. 누군가 죽어야만 누군가는 살 수 있다. 즉 자유와 목숨을 건 싸움이 아니라 목숨과 목숨을 건 싸움이다.

이 영화에서는 싸움이 기이하게도 항상 1:1로 벌어진다. 게이브는 자신으로부터 복제된 에이브러햄을 죽여야 하고, 아내 애디 역시 자신으로부터 복제된 레드를 죽여야 한다. 아들 제이슨은 복제 아들 플루토(!)를, 딸 조라는 역시 복제 딸 엄브레를 죽여야 한다. 무슨 말인가 하면 네 명의 가족이 각각 죽여야 하는 것, 그것은 바로 지하에 살고 있었으나 그 존재를 알지 못했던 또 다른 자기 자신이다. 역으로 지하의 복제 가족도 마찬가지다. 그들이 지상의 공기를 마시기 위해서는 다른 자기를 (가위로) 죽이고 그들과 연결된 영혼의 끈을 끊어내야만 한다. 싸움이 항상 1:1일 수밖에 없는 것은 그런 이유로 보인다.

흥미로운 것은 이 영화 전편을 통해 이 1:1 투쟁을 지시하는 기호들이 꾸준히 증식한다는 점이다. 최초의 1:1 도식은 물론 어린 애디가 거울의 방에서 자신과 똑같이 생긴 지하의 어린 레드를 조우하는 순간 만들어진다. 그러나 바로 그 직전, 놀이공원에서 길을 잃기 전에 애디의 아빠가 야구공을 던져 얻어낸 상품 넘버가 11번이었다는 사실, 해변으로 내려가면서 본 어떤 사내가 들고 있던 팻말에 (종말을 예고하는) '예레미아서 11장 11절'이라는 문구가 쓰여 있었다는 사실, 그리고 그보다 조금 전에는 TV 아나운서가 11시에 다시 뵙겠다는 멘트로 뉴스를 마무리했다는 사실도 상기해두어야 한다(찾아보면 아마도 더 많은 11들이 있으리라).

그러다가 11과 1:1의 도식이 배수 수준으로 급속히 증식하기 시작하는 것은 두 가족이 대면하는 장면에서부터다. 레드네 가족이 별장(중산층 부르주아답게 게이브는 그곳을 자신의 '사유지'라고 경고한다)에 침입하기 전, 막 잠들려던 제이슨에게 애디가 노래를 불러주는 시간은 11시 11분, 게이브가 보고 있던 야구 하이라이트 경기 점수는 11:11, 그즈음 창에 비친 레드네 가족이 서 있는 형상은 1111(일렬 횡대)이다. 그리고 얼마간의 결투가 있은 후 거실에 나란히 마주 보고 앉은 두 가족의 형상은 1111:1111이 된다. 4:4가 아니라 1111:1111인 것은 그들이 정확히 자기 자신과 대면하고 있기 때문이다. 게이브:에이브러햄, 애디:레드, 제이슨:플루토, 조라:엄브레……

똑같이 생긴, 그러나 하나는 위, 하나는 아래인 1:1들의 무한 증식은 이후로도 더 이어진다. 백인 조시네 가족(조시, 키티, 베카, 린지)에게도 똑같은 일이 일어난다(1111:1111). 그리고 별장을 탈출해 조시네 저택에 도착한 게이브네 가족과 조시네 가족의 레드들(텍스, 달리아, 로, 닉스) 사이에서도 1111:1111의 도식이 만들어진다. 그사이 미국 전역에서 그런 일들이 일어난다. 그렇다면 1:1 도식은 결국 이렇게 다시 표기되어야 할 듯하다. (n)……1111:1111……(n), 1:1들의 무한 증식이다.

그런데 나로서는 저 도식이 영화 말미 산을 넘고 바다를 건너 펼쳐진 레드들의 거대한 인간 사슬을 닮았다는 인상을 지우기 힘들다. 영화 초반부 관객이 TV 화면을 통해 보게 되는 실제 1986년 기아 퇴치 캠페인 "미국인들이 맞잡은 손"을 두고 하는 말이 아니다. 그것은 지상의 인간들이 만든 거대한 부르주아 휴머니즘의 띠였지만, 이제 레드들이 만든 띠는 지상의 인간들과 1:1의 혈투를 치르고 얻어낸 인간 사슬이기 때문이다. 죽기 전 레드는 말한다. 온 세상이 다 볼 수 있도록 우리의 존재를 알려야 했다고.

'시위示威'라는 단어가 있다. 축자적으로 '위력을 드러내 보임'이라는 의미인데, 나는 "우리의 존재를 알"린다는 레드의 저 말이, '이게 진짜 시위야'라는 말로밖에는 달리 들리지 않는다. 조던 필은 공포 영화를 잘 만드는 감독이라는데, 공포 속에 급진적인 정치적 메시지를 담는 데는 더없이 능숙해 보인다. 그렇다면 이제 문제는 그가 어떻게 정치적 메시지를 공포와 결합시키는가 하는 점이다.

섬뜩함

저들의 투쟁을 1:1의 투쟁이라고도 했고, '자기 자신과의 대면'이라고도 했다. 그렇다면 이 싸움은 더 이상 계급투쟁만은 아니다. 마르크스보다 좀더 현대적인 프로이트의 위상학이 유용해지는 것은 이 대목에서일 듯하다. 위의 '의식'과 아래의 '무의식,' 의식의 수면 위에 존재하는 자아와 수면 아래 무의식에 존재하는 (비)자아의 대결이라는 테마가 그것이다. <어스>에서는 그 싸움이 오히려 계급투쟁보다 더 치열한데, 그로 인해 스크린에서는 살벌한 가위질과 몽둥이질, 살 찢어지는 소리와 피 튀는 소리가 난무한다. 잊고 있었을지 모르겠지만 이 영화가 속한 장르는 '호러'다.

그러나 전작 <겟 아웃>에서도 그랬듯이 조던 필의 공포는 좀 남다른 데가 있다. 잔인하고 구역질 나는 장면이 없는 것은 아니다. 그런 건 공포 영화에 필수적이니까…… 그러나 <어스>의 공포는 이상하게 관객의 신경을 자극한다. (적당히 검고 이목구비 뚜렷한 할리우드 흑인 배우들과는 달리) 지나치게 검은 주인공들, 그들의 기계적인 움직임과 무표정, 자꾸 되풀이되는 우연한 반복(11), 1인 2역으로 소화해낸 분신 모티프 등등…… '섬뜩함'이라고 부르는 것이 가장 정확할 듯한 그 이상한 자극은 내 생각에 프로이트의 논문 「섬뜩함Unheimlich, Uncanny」을 경유해야 제대로 해명될 수 있을 듯하다. 낯익지만, 또한 나의 저 깊은 '아래'에 있다는 어떤 것it의 드러남…… 이제 그 이야기를 할 참이다.

'위/아래'의 위상학적 비유들(가령 '하늘엔 영광/땅에는 평화' '올림포스/타르타로스' '천국/지옥' '이성/몽매' '상부구조/토대' 등등) 중 가장 현대적인 판본은 아무래도 프로이트의 것일 듯하다. 등장한 시기를 봐도 그렇고(19세기 후반에서 20세기 초반), 현재까지 그것이 누리고 있는 위세(우리 시대는 누구나 한 번쯤 자신의 정신 상태를 의심해볼 만큼 정신의학이 일반화된 시대다. 게다가 라캉과 지젝은 현재 한국 지식 장의 우점종이다)를 봐도 그러한데, '무의식/의식' 혹은 '이드/에고'의 위상학이 그것이다. 물론 이 위상학에서 의식과 에고는 '위'에 있고, 이드와 무의식은 '아래'에 있다.

프로이트가 무의식의 존재를 설명하기 위해 사용한 빙산의 예는 유명하다. 알다시피 빙산은 그 일각만을 수면 위에 내밀고 있을 뿐, 나머지 대부분의 실체는 물 아래에 잠겨 있다. 프로이트에게 빙산의 드러난 부분이 의식이라면 잠겨 있는 부분은 무의식이다. 의식의 영역에서 무의식의 침범을 검열하고 내리누르는 것이 '에고'이고, 호시탐탐 에고의 검열을 피해 기필코 수면 위로 올라오려 발버둥 치는 '그것'

들의 처소가 '이드'다.

그것들이 거기 '아래에' 묻혀 있는 이유는 간단하다. 지나치게 폭력적이거나 음탕해서 이루어지지 못한, 혹은 이루어져서는 안 되는 욕망들이 바로 그것들의 성분을 이루기 때문이다. 따라서 (다소 역설적으로 들릴지도 모르겠지만) 우리가 느끼는 심리적 불안이나 공포는 실은 우리가 무언가를 획득하거나 성취하지 못한 데서 오는 것이 아니라, 획득하거나 성취하기를 포기한(억압한) 욕망이 실제로 이루어지게 될지도 모른다는 데서 오는 것이다. 그것들이 의식의 영역 밖으로 기어 나와 채우지 못한 욕망을 채우려고 시도한다. 그럴 때 에고는 불안과 공포라는 신호를 내보내 자아로 하여금 그것들의 침범에 대비하게 한다.

그렇다면 말을 이렇게 바꿔도 무방하겠다. 외적 요인(가령 신체적 위협 같은)이 없을 때 발생하는 대부분의 공포와 불안은 바로 나(의 가장 아래에 있는 것)를 향해 있다. 나는 다름 아닌 내가 제일 무섭다. 예컨대 사탄은 내 안에 있는 괴물의 외화된 형태이고, 드라큘라도 늑대인간도 마찬가지다. 그것들이 약속하는 것, 이를테면 불멸과 정력과 권세와 (부권에 대한) 증오 같은 것들을 한 번도 욕망해보지 않은 이, 나에게 돌을 던지시라(돌을 맞더라도 프로이트에 대한 신의를 버리진 못하겠지만…… 왜냐하면 그 돌을 던진 자 또한 무의식중에 스스로를 그것들로부터 방어하는 중이었을 테니).

프로이트가 「섬뜩함」(1919)이라는 소논문에서 밝히고자 했던 내용의 골자가 그와 같다. 외적 요인이 없음에도 우리가 기이하게 낯설어하고 두려워하는 것들이 실은 오래전부터 우리에게 낯익은 것이고 우리가 한 번쯤은(실은 훨씬 더 자주) 욕망했던 것들이라는 사실, 이를 증명하기 위해 그가 예로 든 것들은 대충 이렇다.

자동인형 어렸을 적, 우리는 얼마나 자주 인형과 대화하고 그것을 껴안고 또 우리에게 말 걸어오기를 기대했던가.

죽은 자의 귀환 죽음의 공포 앞에서 불멸을 꿈꿔보지 않은 이가 있을까?

마술이나 서커스 물리적으로 불가능한 결과를 얻어내는 손과 육체와 주문, 말하자면 전능에 대한 욕망!

시력 상실 아버지를 죽이고 어머니를 취한 근친상간자에게 내려졌던 벌, 곧 상징적 거세.

생매장 산 채로, 내가 나왔고 내가 욕망한 어머니의 자궁으로 돌아감!

절단된 신체의 자율적인 경련 잘려도 죽지 않는 생명!

동일한 것들의 반복 가령 4시 44분 44초처럼 필연을 예고하는 우연들의 징조, 미래를 내다보는 생각의 전능성.

분신, 도플갱어 내가 죽은 뒤에도 나를 대신해 살아가게 될 또 다른 나 등등.

그토록 강렬하게 욕망했던 것들을 우리는 이제 두려워한다. 지적으로 성장했고 사회적으로 성인이 되었으므로 우리는 이제 저것들을 욕망할 수 없다. 그러나 어떤 상황이나 사물이 그것들의 존재를 상기시키는 순간이 있다. 그럴 때, 에고는 불안과 공포의 감정을 신호처럼 내보내 주체가 그것들을 피하도록 조치한다. 그렇다면 우리에게 섬뜩한(집 같지 않은, unheimlich) 감정을 불러일으키는 것들은 원래 집처럼 편안했던heimlich 것들이다. 섬뜩함은 우리 스스로 억압해버린 어떤 욕망이 실제로 이루어지려고 할 때, 소스라치게 놀란 자아가 내보내는 경고 신호와 같다.

섬뜩한 US

우리가 호러 장르에 속한다고 분류하는 거의 대부분의 영화들이 실은 바로 그 경고 신호들의 (관습적이거나 독창적인) 조합으로 이루어져 있다. 드라큘라, 늑대인간, 인형들, 좀비들, 거울들, 도플갱어, 자궁처럼 생긴 괴물의 입, 반복되는 숫자나 상황, 유전자 복제 등등……(다만 '안전 메커니즘'이 최우선이 된 생명정치 시대에는 바이러스 공포증 정도를 더할 수 있으리라).

이제 조던 필 감독의 공포 영화 <어스>가, 어떻게 두 계급으로 양분된 미국 사회에 대한 묵직한 알레고리이면서 동시에 탁월한 공포물이 될 수 있었는지 길게 설명할 이유는 없어진 듯하다. 저 아래에 억압당한 채 살아온 레드들(이드), 지상의 인간들과 완벽하게 1:1로 대응하는 도플갱어들(분신), 게다가 그들은 인형처럼 검고 기계적으로 움직인다(자동인형). 주인공들은 거울 속에서 자기 자신과 마주치고, 반복되는 숫자 11이 예견하는 종말론적 운명 속에서 벗어나지 못한다(반복).

이렇게 프로이트가 섬뜩함의 요소라고 나열한 많은 것들을 조던 필 감독은 정치적 주제와 잘도 버무려놓는다. 안온한 나의 일상 아래 그토록 참혹한 계급적 진실이 있었음을 발견하게 하되, 그것을 나와 무관한 것으로서가 아니라 바로 내 안에서, 내가 억압해온 것으로서 발견하게 하기…… 그래서 <어스>는 낯익으면서도 낯설다. 감독이 프로이트를 알았건 몰랐건, <어스>가 아주 '섬뜩한' 정치 영화로 성공할 수 있었던 비결은 거기에 있는 듯하다.

에필로그: 무서운 극장

1

어릴 적부터 영화를 아주 좋아해서, 본업도 아닌 주제에 (나는 '문학' 평론가다) 영화에 대해 쓰고 싶었다. 청소년기까지 내가 살던 소읍 도시의 낡은 극장(믿지 못하겠지만 선동렬의 아버지가 주인이었다)을 기억한다. 지금 극장들에 비하면 넓기 그지없었지만, 낡기도 그지없었고 춥거나 덥기도 그지없었다. 길고 묵직한 종이 울리고 불이 꺼지면 잠깐 일어서서 애국가를 듣고(시인 황지우는 이 상황을 시로 쓰기도 했다), '대한 늬우스' 따위도 끝나고 나면 영화가 시작되었다. 그때의 기이한 흥분을 내 몸은 아직 잊지 않았다. 그러고 보니 나는 실은 영화보다 극장을 더 좋아했는지도 모르겠다. 극장이라는 공간이 연출하는 그 흥분은 명백히 관음증적이었으니까.

어둠이 내 표정을 다른 이들로부터 차단한다. 이제 나는 어둠 속에서 혼자다. 그리고 그렇게 혼자가 된 내 눈앞에 놀라워라, 타인들의 삶이 낱낱이 펼쳐진다. 그런 의미에서라면 영화가 '집단적이고 산만한 관람자들'의 장르(그래서 토론과 해석에 열려 있는 장르)라는 벤야민의 기대는 틀렸다. 영화를 볼 때마다 나는 어둠 속에서 커다란 스크린에 펼쳐진 타인들의 일상을(집중해서, 침실까지도) 엿보는 관음증자였다. 그렇게 영화는 항상 나에게 '다른 곳'을 선물했다.

심지어 거실 소파에 앉아 TV로 영화를 볼 때마저도 우리는 대체로 불을 끄고 관음증적 상황 속에서 영화 보기를 즐기는데, 아마도 영화가 가진 가장 강력한 매력이 그것일 테다. 훔쳐보기의 쾌락! 나이를 속이고(실은 속일 필요도 없었지만) 실비아 크리스텔이 주연한 <개인 교수>를 보던 어느 날, 배꼽 아래 비뇨기 계열의 특정 부위에 생긴 생리적 변화 때문에 영화가 끝나고 나서도 자리에서 일어나지 못하는 경험까지 해야 했던 나는, 그래서 종종 영화라는 장르가 무섭다.

2

라캉의 이른바 '거울 단계'에 대해 읽은 것은 그로부터 한참 지난 대학원 시절이었다. 라캉 왈, 우리는 모두 거울에 비친 이미지에 매혹당한 적이 있고, 그 이미지에 따라 자아를 형성한단다. 게다가 거울(반드시 물리적 거울일 이유는 없다. 타자도 거울이다)에 비친 이미지는 대체로 이상화되기 마련이고, 따라서 '실재'라기보다는 나르시시즘적으로 왜곡된 상이란다.

어렵게 설명할 것도 없이, "거울아, 거울아"를 연발하는 동화에서와 달리 거울은 항상 거짓말을 하는데, 거짓말하지 않는 거울(우연히 찍혀서 전혀 나라고는 인정하고 싶지 않은 셀카 사진이나, 원치 않는 순간 우리 얼굴의 티끌까지도 적나라하게 반사하는 엘리베이터의 거울상)에 비친 상이라면 우리가 기를 쓰고 외면하기 때문이다. 우리는 요컨대 이미지를 통해 '실재'를 보는 것이 아니라, 우리 각자가 '상상'한 '나'를 본다. 우리 눈은 항상 다른 곳을 향해 있는 셈이다. 나르시시즘적 이미지와의 동일시, 그렇게 착각과 오인 속에서 우리는 '나'가 된다. 이미지는 주체 형성 과정에서 그토록 중요한 역할을 한다.

그래서 나는 영화가 무섭다. 관음증적 흥분 속에서 우리는 이미지(스크린)와 나를 동일시한다. 가령 부담스러울 정도로 불거진 근육질의 미군 '람보'와 스스로를 동일시하지 않고, 스크린에 등장하자마자 그가 난사하는 기관총에 쓰러지는 동남아시아 병사와 스스로를 동일시할 관객은 없다. 그렇고 그런 수많은 영화들이 그런 식으로 우리의 주체 형성 과정에 (이데올로기적으로) 관여한다.

3

편협하고 주관적으로 말해, 내게 '좋은 영화'와 '나쁜 영화'는 그렇게 구분된다. 관객이 '원하는' '상상적 이미지'를 순순히 제공하는 영화들에 대해 나는 그다지 흥미를 느끼지 못한다. 반면 관객이 앉아 있는 관음증적 상황을 깨뜨리고, 그들이 원하는 상상적 이미지를 의도적으로 제공하지 않는, 말하자면 '불편한' 영화들을 선호한다.

나는 지금 특별히 영화사 초창기 걸작 <안달루시아의 개>(루이스 부뉴엘, 1929)를 염두에 두고 있다. 영화가 시작하자마자 눈알을 긋는 면도날이 클로즈업된다. 나는 그 장면을 '동일시하지 말라, 눈을 그어버리리라!'라는 경고로 읽었다. 히치콕의 <이창>(1954)도 빼놓기 힘들다. 관음증적인 상황에서 내내 살인자를 지켜보던 제임스 스튜어트 바로 뒤에서, 피사체였던 살인범이 역으로 그를 응시한다. 그럴 때 관객은 마치 열쇠 구멍으로 부모의 정사를 지켜보다 들킨 아이처럼 황망하다. 같은 이유로 나는 피터 그리너웨이(<메이콘의 아이>)나 조던 필(<어스>), 그리고 장-뤽 고다르의 영화(<경멸>)를 좋아한다.

4

물론 봉준호의 영화들도 좋아한다. 그도 관객들을 불편하게 하는 데에는 일가견이 있는 감독이니까. 그래서 나는 2020년 92회 아카데미 시상식을 여러 번 반복해서 보며 찔끔찔끔 울기도 했는데, 당연히 그 눈물은 애국주의적 감상의 소산이 아니었다. '불편하게도' 이 사회의 불평등한 계급 구조를 다룬 영화가 그토록 상찬을 받는 장면이 얼마간 장

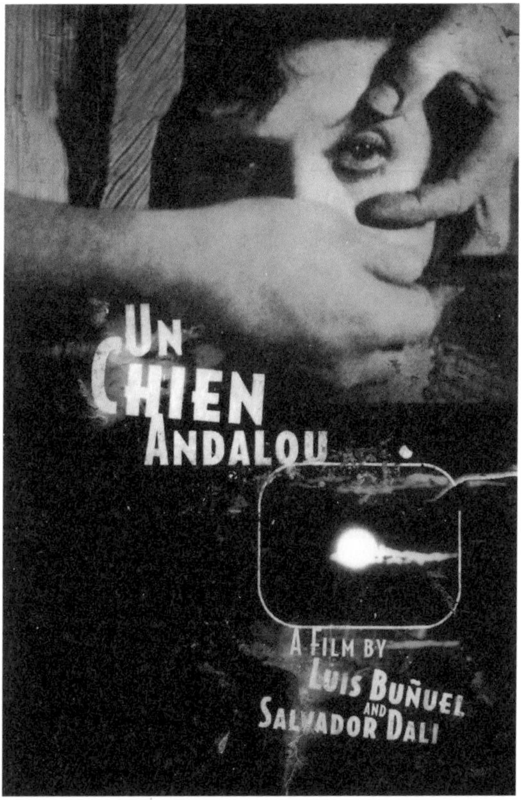

<안달루시아의 개>(루이스 부뉴엘, 1929) 포스터

해서였다.

그러나 나는 그러면서 또다시 무서워지기도 했는데, 그것은 (좋은 영화건 나쁜 영화건) 영화라는 놀랍도록 매혹적인 장르가 지금 처한 어떤 역설적인 상황 때문이었다. 혹자는 <기생충>의 최종 수익 효과가 천억 단위를 넘어 조 단위에 이를 것이라고 예견하기도 했다. 또 혹자는 'BTS'와 함께 <기생충>이 한류 산업을 '쌍끌이'할 것이라고도 말했다. 참고로 '쌍끌이'라는 단어의 사전적 의미는 "한 틀의 그물로 두 척의 배가 바닷물고기를 대상으로 저층을 끌어서 어획하는 방법"을 의미하는 '어업 용어'다. 뉘앙스가 좀 잔인하고 독점적인 어업임에는 틀림없어 보이는데, 말하자면 <기생충>은 이제 단순히 (흔히 우리가 예술에 속한다고 말하는) 하나의 '작품'이 아니다. <기생충>은 산업이다.

역설은 거기 있다. 관객을 자꾸 완고한 계급적 불평등의 현실(영화의 결말에서 보듯, 이 현실은 영영 개선되기 어려워 보인다) 앞으로 불러 앉히는 이 영화가, 아이러니하게도 산업의 산물이고 산업의 도구이자 그 구성 요소여서, 결국에는 '신자유주의적 질서'를 강화하는 데 기여하게 될 것이라는 점 말이다. 더 무서운 것은 전작 <설국열차>로 미루어 보건대 봉준호 감독 또한 그 사실을 너무도 잘 알고 있다는 사실이다. <기생충>으로 오스카상을 네 개나 들어 올린 그는, 그렇다면 <설국열차>의 크리스 에번스가 아닌가? 시스템에 대한 저항 자체가 시스템의 유지에 필수불가결하게 되어버리는 역설적인 상황 속에서, 이러지도 저러지도 못한 채 에드 해리스 앞에 서야 했던 바로 그 '캡틴 아메리카' 말이다.

5

편협한 문학평론가가 '문학의 죽음' 운운하는 작금의 사태에 대한 책임을 영화(산업)에 전가하려는 의도로 하는 말들이 아니다. 물론 문학을 전공하는 대학생들조차 시집이나 소설보다 관람하는 영화 작품의 수가 수배 아니 수십 배에 이른지는 오래되었다. 유감은 없다. 영화가 그만큼은 매혹적인 장르니까. 그래서 이 책에는 (정확한 진단과 전망으로 이루어진) 마땅한 결론도 없다. 다만 영화를 통해 지금 이곳과 완전히 다른 곳에 대해 깊이 '사유'해보고 싶었다는 말은 변명처럼 남겨둔다.

6

이 책은 2019년 4월부터 2020년 2월까지, 열 달 동안 『씨네21』이 운영하는 네이버 영화 매거진 <씨네플레이>에 '사유하며 영화보기'라는 카테고리로 연재했던 글들을 모아 개고한 것임을 밝혀둔다. 연재를 시작할 무렵에는 정말이지 재미있는 글을 쓰고 싶었다. 그러나 천생 나는 재미있는 글과는 거리가 먼 사람이라는 확신만 얻은 열 달이었다. 다만 바라는 것이 있다면 독자들이 이 책을 영화 작품들과 함께 읽어주었으면 하는 것이다. 영화 작품에 기식하고 있는 글들이니 그렇게 읽을 때 훨씬 재미있게 이 초라한 글들을 읽으실 수 있으리라.

연재 내내 도움과 격려를 아끼지 않았던 문학과지성사 이근혜, 박솔뫼(나는 이 책과 에필로그의 제목을 그의 소설 제목에서 가져오기도 했다) 두 분께 깊이 감사드린다. 최대연, 김현주 두 분 편집자에게도 감사드린다. 두 분 아니었으면 이 책은 정말이지 볼품이라곤 없었으리라. 그리고 많지는 않았지만 연재 기간 동안 진지하게 내 글을 읽어주었던, 그리고 지금 책으로 읽고 있는 모든 독자들에게도……

시간과 체력이 허락했다면 아마도 연재는 좀더 이어졌으리라. <어스>에서 <It>으로, <성스러운 피>에서 연쇄 살인에 대한 영화들로, 히틀러 일당을 극장에 몰아넣고 깡그리 불태워버린 <바스터즈>의 통쾌함을 지나 다시 아우슈비츠로(<쇼아> <조조 래빗>), 그리고 물론 바이러스 재난 영화들로…… 그러나 지금은 숨을 좀 골라야 할 시간, 남은 이야기들은 조만간 다른 지면에서 이어가기로 한다. 역시나 많은 독자들에 대한 기대는 없는 채로……